관점vs관점

관점 VS 관점
−미래 사회의 과학기술 논쟁지도

2019년 5월 29일 초판 1쇄
2021년 7월 30일 초판 3쇄

지은이 이종보

편   집 김희중
디자인 design THE≈WAVE
제   작 영신사

펴낸이 장의덕
펴낸곳 도서출판 개마고원
등   록 1989년 9월 4일 제2-877호
주   소 경기도 고양시 일산동구 호수로 662 삼성라끄빌 1018호
전   화 031-907-1012, 1018
팩   스 031-907-1044
이메일 webmaster@kaema.co.kr

ISBN 978-89-5769-457-2 43330

• 책값은 뒤표지에 표기되어 있습니다.
• 파본은 구입하신 서점에서 교환해 드립니다.

관점

미래 사회의
과학기술
논쟁지도

이종보 지음

vs 관점

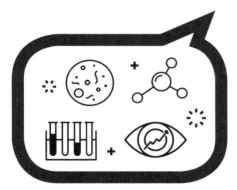

개마고원

책머리에

우리가 살아가는 사회는 조용한 날이 없습니다. 사람들이 서로 다른 가치관이나 이해관계를 내세우면서 논쟁이 그치지 않기 때문입니다. 그래서 주변에서 논쟁이라면 고개를 흔들며 손사래부터 치거나, 냉소적으로 비웃는 사람을 많이 봅니다. 논쟁을 벌일수록 사회를 더 혼란스럽게 만든다고 비난하는 사람도 있지요. 논쟁을 해봤자 서로 자기주장만 내세워 결론도 나지 않고, 사회문제의 해결책도 나오지 않는다며 논쟁 무용론을 이야기하기도 합니다.

하지만 홀로 논쟁을 거부하더라도 논쟁이 사라지는 것은 아니며, 맞붙은 사회문제가 해결되는 것은 더욱 아닙니다. 차라리 이때의 침묵은 금이 아니라 무책임한 것입니다. 아무리 시끄럽고 복잡한 문제라도 직접 마주하려고 노력할 때 해결의 실마리를 찾을 수 있습니다.

사실 사회가 다양하고 복잡해지면서 논쟁이 많아지고 더욱 치열해지는 것은 당연한 일입니다. 논쟁을 골칫덩이가 아니라 자연스러운 것으로 인정하는 게 무엇보다 중요하겠지요. 그리고 논쟁에 지혜롭게 대처하는 자세가 필요합니다.

논쟁에서는 상대방 입장을 압도하는 현란한 말솜씨를 누가 더 잘 뽐내는가는 중요하지 않습니다. 그보다는 상대방 의견을 진지하게 듣는 자세가 필요합니다. 그리고 상대방 의견에 대해 감정 섞인 비난을 하기보다는 합리적인 비판을 하고, 고정관념에 치우치기보다는 상대방의 의견에서 내가 미처 몰랐던 점을 배울 게 없는지 의미 있는 대화를 나누는 자세를 보여야 할 것입니다. 바람 잘 날 없는 사회에서 민주 시민으로 살아가려면 논쟁을 통해 이해와 협력의 자세를 배우고 가장 바람직한 의견을 모으려 노력해야 합니다.

　　더욱이 앞으로 우리가 살아갈 과학기술 시대는 지금보다 더 많은 논쟁을 낳을 수 있습니다. 과학기술의 발전에 따라 사회의 변화 속도는 더 빨라졌습니다. 가치관은 혼란스러워졌고 미래를 맞이하는 심정은 기대보다는 불안이 앞섭니다. 논란이 커지는 만큼 미래 사회에서 중심 찾기는 더욱 곤란을 겪을 수도 있습니다. 하지만 이 책에서는 과학기술 시대의 논쟁을 피하지 않으려고 합니다. 다양하고 복잡한 입장과 관점들을 드러내며 열띤 논쟁의 마당을 열어보려고 합니다.

　　이 책에서는 과학기술과 관련하여 현재 우리 사회에서 일어나고 있는 문제뿐만 아니라 앞으로 다가올 미래에 이르기까지 다양한 이슈를 다루고 있습니다. 잊힐 권리, 유전자 특허권, 동물실험, 자율주행차, 로봇세, 빅데이터, 유전자 조작, 우주개발, 가상현실과 관련된 이슈를 다루는데, 미래의 일일수록 뒤쪽에 배치했습니다. 그렇지만 오늘날 과학기술의 발전 속도를 생각하면 조만간 모두 현실의 문제가 될 것입니다.

이 책에서 다루는 쟁점의 제목만 봤을 때는 자기 입장을 간단히 말할 수 있을지 모릅니다. 하지만 서로 다른 입장을 읽고 곱씹어 생각해보면 어떠한 문제도 선불리 판단할 수 없다는 점을 느끼게 될 것입니다. 어느 입장을 보더라도 나름대로 의미가 있는 주장들이기 때문에 한 가지 입장으로 생각을 정리하기가 쉽지 않을 것입니다.

특히 각 꼭지 말미에는 도발적인 문제제기들을 던지고 있어 여러분의 머리를 더욱 어지럽힐 수도 있습니다. 여기서는 문제제기만 할 뿐 어떤 주장을 담지는 않았습니다. 생각을 더 발전시켜나가는 건 이 책을 읽는 여러분의 몫입니다.

결론이 쉽게 나지 않는 문제라는 이유로 논쟁하기를 두려워할 필요는 없습니다. 오히려 논쟁 없이 선불리 결론을 내리거나 정책을 결정하는 게 더 위험할 수 있습니다. 이 책을 읽는 여러분들은 확실한 결론을 내리는 데 조급해하지 말고 논쟁 그 자체를 즐기길 바랍니다.

정책 결정자와 달리 배움의 과정에 있는 여러분에게는 결론 그 자체보다는 논쟁의 경험이 더 소중할 수 있습니다. 그런데 논쟁의 경험이 의미 있게 남으려면 몇 가지 염두에 둬야 할 게 있습니다. 먼저 자신의 입장을 세울 때 공익에 맞으면서도 이해관계자를 낙담시키지도 않는 방법을 생각해봐야 합니다. 사회적 약자의 입장도 배려할 줄 알아야 합니다. 지금의 논의 과정을 거쳐 내린 합의가 어떤 결과를 초래할지도 생각해봄으로써 책임감 있게 발언하는 법도 배워야 합니다. 그럼으로써 사회 전체를 볼 줄 아는 안목을 키울 수 있을 것입니다.

이 책에서 다루는 문제들 가운데에는 막연한 미래에 관한 것들도 있습니다. 현실의 제약에서 벗어나 보다 자유롭고 창의적인 발상과 관점을 펼치는 데 도움이 될 것입니다. 하지만 모든 논쟁은 우리가 발 딛고 있는 사회를 향해 있습니다. 그렇기에 이 책에서 다루는 논쟁이 현재 우리 사회에서 일어나는 시시콜콜한 논쟁과 궁극적으로는 다르지 않다는 것을 느낄 수 있을 겁니다. 미래의 문제 또한 이해관계에 대한 문제부터 깊은 철학적 문제까지 늘 우리가 고민하던 쟁점의 연장선에 놓여 있기 때문이지요. 그래서 이 책에서 다루는 주제를 고민하다 보면 더 깊이 우리 사회를 바라보게 될 것입니다.

나아가 지금 우리가 벌이는 논쟁의 궁극적인 목적은 미래를 올곧게 살아가는 데 있습니다. 우리를 불안에 떨게 만들기도 하는 미래 사회의 문제에 대해 진지하게 생각하게 함으로써 미래를 준비해보자는 것입니다. 미래 사회는 여러분이 이끌어가야 할 사회입니다. 미래 문제에 당면하여 혼란스러워하며 허둥대지 않기 위해 오늘날 더욱 치열한 논쟁을 벌어야 합니다. 지금의 논의가 풍부할수록 미래는 더 안전해질 테니까요.

글을 써나가면서, 때로는 미래의 가상적 설정 위에 일종의 사고실험이 진행되는 경우 다소 극한적인 논의 전개가 요구되기도 했습니다. 또한 수업중 해당 논점을 던져주고 학생들이 흥미로워하는 지점과 접근 시각을 관찰해 이를 가급적 반영하려 애쓰기도 했습니다. 관점의 차이를 보다 또렷이 보여주기 위해 의견 대립을 과장해서 부각시킨 부분도 있습니다. 그러나 이 책을 읽어가는 학생들은 극단적 비교를 하거나 한쪽 관점에만 서기보다는 문제를 종합적으로 파악하려 노력해주기를 바랍니다. 그 과정을 거쳐 여러분이 깊고 넓은 안목을 갖추어 삶을 더 건강하게 살아가는 데 작은 보탬이 되기를 기대해봅니다.

이 책의 출판 과정도 저와 출판사 사이에서 논쟁을 거쳐야 했습니다. 하지만 치열한 논쟁을 거친 덕분에 이 책의 내용이 더 알차질 수 있었습니다. 논쟁은 이처럼 의미 있는 결실을 맺기 마련입니다. 이 지면을 빌어, 논쟁을 벌이며 꼼꼼하게 편집해준 개마고원 식구들에게 감사를 표합니다. 끝으로 이 책의 출판을 위해 일해준 이름 모를 모든 노동자에게도 감사의 마음을 전합니다.

2019년 5월

이종보

목차

관점 VS 관점

프라이버시 보호 VS 알권리 위축

오늘날 인터넷 공간은 우리 삶의 일부입니다. 놀이·쇼핑·업무·학습… 심지어 연애도 인터넷을 통해 하곤 합니다. 시간이나 공간의 제약을 받지 않고 뭐든지 할 수 있으니 이보다 더 유용한 도구도 찾아보기 어렵지요. 특히 스마트폰의 발달로 인터넷 접속이 간편해지면서 인터넷 공간을 이용하는 사람들이 나날이 늘어나고 있습니다. 여러분들도 인터넷 없이 산다는 건 상상하기 힘들 겁니다. 그래서 인터넷 공간에는 수많은 사람들이 남겨 놓은 개인의 흔적을 쉽게 만날 수 있습니다.

인터넷 사용자가 인터넷 공간에 남겨 놓은 다양한 기록과 흔적을 '디지털 흔적Digital Trace' 또는 '디지털 발자국Digital Footprint'

이라고 말합니다. 이름·주민등록번호·나이·주소 등 개인을 알아볼 수 있는 정보는 가장 흔한 디지털 흔적으로, 일반적으로 포털 사이트 같은 인터넷 서비스에 가입할 때 남겨지곤 합니다. 그리고 개인이 글·사진·동영상을 소셜네트워크서비스SNS에 올려 공유하는 경우도 많아졌습니다. 또한 서로가 서로의 글에 남기는 댓글도 무수히 많습니다. 이 모든 게 디지털 흔적이라고 볼 수 있지요.

일반적으로 사람들이 남긴 흔적은 시간이 흐르면 조금씩 퇴색되기 마련이고, 그러면서 그 사람에 대한 기억도 자연스럽게 잊히게 됩니다. 하지만 디지털 흔적은 오랫동안, 거의 영원히 남아 있습니다. 특히 인터넷 기록들을 다른 사람이 복사해서 자기 계정에 게시하거나 다양한 인터넷 사이트에 퍼 나르기도 하기 때문에, 그 기록이 어느 공간에 어떻게 남아 있는지 알기도 어렵습니다. 그래서 스스로도 잊고 있던 추억이 나도 모르는 사이에 다른 사람에 의해 갑자기 불러내어져 인터넷상의 화제가 될 수도 있지요.

이렇게 인터넷에 남아 있는 개인 기록은 지우려 해도 잘 지워지지 않습니다. 그래서 때로는 전문가에게 도움을 요청하기도 합니다. 디지털 흔적을 삭제해주는 이른바 '디지털 세탁소'(혹은 '디지털 장의사')지요. 물론 이들이 만능해결사는 아닙니다. 이들의 도움을 받더라도 여전히 많은 기록이 지워지지 않고 남습니다.

사람들이 적극적으로 디지털 세탁소를 찾아가 돈을 내면서까지 자기 흔적을 지우려는 이유는 무엇일까요? 누구에게나 기억하고 싶지 않은 '흑역사'는 있기 마련입니다. 과거에 뭘 모르고 한 부끄러운 실수도 있고, 욱 하는 마음에 욕설을 남길 수도 있지요. 그런 것들이 인터넷상에 계속 남아 있기에 사람들은 그 기록을 지우고 싶어 합니다. 특히 디지털 흔적이 종종 곤란한 상황을 만드는 경우가 있어서 더욱 그렇습니다. 이를테면 잘 나가는 연예인이나 정치인이 과거의 부끄러운 행실을 보여주는 디지털 흔적 때문에 발목 잡히는 경우도 있고, 대학 입학이나 취업·결혼을 앞둔 일반인도 숨기고 싶은 과거가 드러나 곤욕을 치르기도 합니다. 특별히 숨기고 싶은 자료가 아니더라도, 공개된 자신의 흔적을 두고 남들이 부정적으로 왜곡하거나 비난하는 글을 올림으로써 불쾌하다 못해 고통을 느끼는 경우도 많습니다. 이를테면 어떤 인터넷 사이트에서 내 사진을 놓고서 못생겼다 어떻다 낄낄거리며 조롱한다면 기분이 어떨까요? 이런 고통 때문에 사람들은 더욱 잊히기를 원하게 되었습니다.

디지털 흔적으로 인해 피해를 입는 사례가 늘면서 지워지고 싶은 권리, 즉 '잊힐 권리Right To Be Forgotten'에 대한 논의가 활발하게 이뤄지고 있습니다. 잊힐 권리란 자신과 관련하여 인터넷 사이트에 올라 있는 각종 정보의 삭제를 요구할 수 있는 권리입니다.

잊힐 권리는 2010년 스페인에서 있었던 '곤잘레스 사건'을 통해 공론화되었습니다. 변호사인 곤잘레스는 구글 검색창에 자기 이름을 검색하다가 16년 전에 보도되었던 기사를 발견했습니다. 빚 때문에 압류소송에 걸려 집을 경매한다는 기사였습니다. 곤잘레스가 그 기사를 발견했을 때는 압류소송이 완전히 해결된 지 오래인 상태였지만, 여전히 인터넷에서 검색되고 있었던 것입니다. 과거에 빚으로 인한 소송에 휘말렸던 게 알려지면 변호사로 일을 하는 데 걸림돌이 될 것 같아 찜찜한 기분이 들 만도 했겠지요. 그래서 더 이상 자신의 기사가 검색되지 않게끔 구글로 하여금 관련 기사 링크를 삭제하도록 해달라고 스페인 정보보호원에 청원을 넣었습니다. 스페인 정보보호원은 개인정보보호법에 따라 곤잘레스의 요청을 받아들였습니다.

구글은 이 결정에 즉각 반발했습니다. 구글과 같은 정보기술IT 기업은 검색되는 디지털 기록이 많을수록 이득을 보니, 디지털 기록을 삭제해달라는 요청을 쉽게 받아들일 수 없었던 것입니다. 그래서 구글은 곤잘레스 사건을 유럽사법재판소로 끌고 갔습니다.

하지만 상황은 잊힐 권리를 인정하는 쪽으로 흘러갑니다. 유럽연합EU 집행위원회는 2012년 1월 '일반 데이터 보호 규정'을 확정하면서 여기에 잊힐 권리를 명시했습니다. 2014년 유럽사법재판소는 결국 곤잘레스의 손을 들어주었죠. 유럽사법재판소의 이 판결을 계기로 잊힐 권리의 가치가 세상에 널리 알려졌습니다.

하지만 잊힐 권리가 인터넷 기록물의 정당한 활용을 막을 수 있다는 우려의 목소리도 적지 않습니다. 삭제 요청된 인터넷 게시글 가운데에는 정당한 평가와 비판도 있기 마련입니다. 그것이 누군가에는 불편할 수 있겠지만 다른 누군가에게는 좋은 정보일 수 있습니다. 그런 글들마저 삭제되면 인터넷 공간은 유용성을 잃고 위축되지 않을까요? 이런 우려가 현실로 드러난 일이 있습니다.

2014년 영국에서 한 성형외과 의사가 인터넷에 게시된 자신의 수술 결과에 대한 글을 지워 달라고 관련 당국에 요청했습니다. 자신의 잊힐 권리를 주장한 것입니다. 이 요청이 받아들여져 관련 기록이 삭제되었습니다. 그런데 사실 지워진 그 글은 의사의 형편없는 수술 실력을 고발하는 내용이었습니다. 병원을 방문하려는 환자들이 의사 실력을 미리 알 수 있는 정보였던 거지요. 하지만 그 의사는 그 게시글 때문에 병원에 대한 평판이 나빠지는 것이 두려워 잊힐 권리를 행사한 것입니다. 알권리를 보장하는 차원에서 보면 삭제되어서는 안 될 정보가 잊힐 권리를 위해 삭제된 셈입니다. 이런 사실이 알려지면서 그 의사에 대한 시민들의 비난이 빗발쳤습니다. 그러면서 잊힐 권리가 시민의 정당한 알권리를 훼손한다는 반론도 확산되었죠.

이처럼 잊힐 권리는 다른 권리들, 특히 알권리와 충돌할 수 있습니다. 물론 어떤 경우에는 쉽게 타협을 볼 수도 있습니다. 예컨대 국가나 기업 혹은 공적인 인물에 대한 정보나 언론 보도에 대해서는 잊힐 권리를 신중하게 적용해야 한다는 주장은 많은 사람이 동의할 것입니다. 국민의 알권리나 언론의 자유가 중요하다는 데는 보편적인 합의가 이뤄져 있으니까요.

그렇다면 일반 사람들의 합법적이고 공개적인 개인정보의 경우에는 어떨까요? 예를 들어 진학이나 취업, 결혼을 앞두고 당사자를 더 잘 알고자 할 때 개인의 디지털 흔적을 살펴보는 것에 대해서는 관점에 따라 동의의 범위가 크게 좁아질 수 있습니다. 이와 관련하여 한편에서는 개인의 프라이버시를 보호하기 위해 잊힐 권리가 필요하다는 옹호론이 제기될 수 있습니다. 반면에 잊힐 권리가 개인의 인성을 정당하게 검증할 수 있는 길을 차단하고 과거의 행실에 대해 면죄부를 준다는 비판의 목소리도 나옵니다.

잊힐 권리는 인터넷을 사용하는 사람이라면 누구나 관심을 가져볼 만한 논쟁거리입니다. 여러분도 양쪽의 입장을 차례로 살펴보고 신중하게 판단해봤으면 합니다.

프라이버시 보호

사생활에 대한 침해와 왜곡

대학 면접시험일. 면접관이 살펴보고 있는 것은 지금까지 당신이 사용해온 SNS 기록입니다. 한참 동안 자료를 뒤적이던 면접관이 갑자기 묻습니다.

"연예인 박모 씨에 대한 욕설이 있네요. 왜 이런 글을 올렸죠?"

면접관의 질문을 듣는 순간 당혹스러워질 것입니다. 머리는 멍해지고 손은 떨리고 가슴은 답답해지겠죠. 확실한 기억이라도 있으면 변명이라도 해볼 텐데, 그런 글을 언제 어떤 이유로 썼는지 기억조차 나질 않는다면 말문이 더 막힐 것입니다. 할 수 있는 건, 기껏해야 모르쇠로 일관하여 모면해보는 정도겠죠. 그래서 이런 변명을 할 수 있을 것입니다.

"제가 그런 글을 썼던가요? 기억이 나질 않습니다."

하지만 여러분이라도 이런 회피성 답변에 납득하진 못할 테지요. 이어 면접관이 다음 질문을 합니다.

"SNS에 올린 생일파티 사진을 보니, 테이블에 맥주 캔이 보이네요. 학생인데 술을 먹나 봐요?"

"아, 그게…."

그렇게 얼버무리고 시험장을 나설 때쯤이면 혼잣말로 이렇게 중얼거리고 있을 것입니다.

"아! 망했어. 내년에도 마찬가지일 거고, 이제 난 끝장이야…."

이런 가상의 이야기를 들으니 어떤 생각이 드나요? 남의 일 같지 않아 불안해지지 않나요? 조금 부지런한 사람은 당장 SNS 기록을 정리해야겠다는 생각부터 할 겁니다. 아무리 느긋한 사람도 불안한 마음이 들 테고요. 어린 시절 무심코 남긴 디지털 기록 때문에 대학에 떨어진다니… 지난 시절 힘들게 공부했던 모든 게 수포로 돌아가는 절망감을 느낄 수도 있을 것입니다. 이처럼 과거의 디지털 흔적이 여러분의 인생을 옥죌 수 있습니다.

이렇게 과거 기록이 비록 사소한 것이라도 인터넷에 남겨짐으로써 여러분이 가는 길목마다 따라 다닌다면 여간 괴로운 게 아닐 겁니다. 디지털 기록이 대학 입학을 좌절시킬 뿐만 아니라 나아가 취업 길을 막고 심지어 결혼을 앞두고서도 걸림돌이 된다면 어떨까요? 영원히 사라지지 않는 디지털 기록은 내 인생의 영원한 족쇄가 될 것입니다. 그동안 애정을 담아 기록한 일기장도 인터넷에 노출되면 나를 공격할 무기로 변할 수 있습니다.

앞에서 나온 대학 면접장에서의 문답은 가상으로 구성한 것이지만, 미국의 여러 대학에서는 실제로 다양한 경로의 인터넷 기록을 확인하여 신입생을 선발하고 있습니다. 미국처럼 한국에서도 입학사정관이 여러분의 SNS 기록이나 인터넷 게시물을 보고, 이를 토대로 올해 대학 입시에서 신입생을 선발한다면 어떨까요? 자신의 평소 언행에 따른 결과이니 당연한 것이라고 수긍할 수 있을까요? 그렇지 않을 겁니다. 이게 말이 되느냐고, 너무나 부당하다고 느낄 겁니다.

무엇이 불만이냐고요? 지원자의 사생활을 들춰내는 것 자체가 문제입니다. 예화에서의 학생은 면접에서 그런 질문을 받을 것이라고 상상이라도 했을까요? 아니겠죠. 자신이 지원한 학과에 대한 질문이나 앞으로의 학습계획 같은 것을 물어보리라 생각했을 겁니다. 대학 면접시험이니 그게 당연하고요. 그런데 자기도 잊고 있던 과거의 사생활을 캐내서 질문하다니요. 그런 걸 미리 알았더라면 과거의 디지털 흔적을 깨끗이 '세탁'이라도 했을 것입니다. 자신이 알리고 싶지 않은 프라이버시를 함부로 들여다보고 파헤칠 권리는 누구에게도 없습니다.

개인의 인격을 지키기 위해서는 개인의 사생활과 비밀을 보호해주어야 합니다. 대학이나 기업 혹은 국가, 그 누구라도 나의 사적인 부분을 모두 들여다봄으로써 나의 생활에 영향을 미칠 수 있다면, 개인의 영역은 남아나지 않고 결국 나의 존재를 지킬 수 없게 됩니다. 프라이버시는 다른 사람의 시선으로부터 나를 보호하는 권리입니다.

그런데 오늘날은 프라이버시를 지켜내는 게 보통 힘든 게 아닙니다. 과거에 프라이버시는 의지만 있다면 단지 내가 나를 드러내지 않음으로써 보호받을 수 있었습니다. 이를테면 평소에 다른 사람을 만나지 않고, 어쩌다 만나도 자신의 사적인 이야기를 전혀 하지 않는다면 아무도 나에 대해 모를 테지요. 그런 극단적인 경우가 아니더라도 직접 듣지 않고서는 다른 이의 과거 사생활을 알기란 어려웠습니다.

하지만 새로운 인터넷 환경에서는 자신의 의지와 상관없이 프라이버시가 훼손되기 쉽습니다. 지금은 집 밖으로 나오지 않고 다른 사람을 만나지 않으면서 살 수는 있더라도, 인터넷 없이 생활하는 것은 불가능할 정도가 되었습니다. 그런데 이 인터넷 공간은 특별한 장벽이 없이 모두에게 개방되어 있지요. 네트워크로 연결되어 공개적으로 이용되기 때문입니다. 개인이 작성한 게시물이나 사진, 혹은 영상을 자신이 전혀 알지 못하는 누군가가 보고 분석할 수 있습니다. 이처럼 인터넷 환경에서는 개인이 노출되기 매우 쉽습니다.

그래서 내가 알지 못하는 사람이 나를 알게 되는 일이 크게 늘었습니다. 나를 들여다보는 다른 사람은 한둘이 아닙니다. 심지어 국경을 넘어 지구 반대편에도 수없이 있지요. 인터넷 망에 들어가는 순간 나를 보는 시선은 셀 수도 없이 불어납니다. 내가 SNS에 올린 사진이 인기를 끈다면, 태평양 건너 캐나다나 브라질 사람도 거기에 '좋아요'를 달 수 있는 것이지요. 그래서 인터넷에서 나란 존재는 내가 모르는 사람의 시선으로 규정될 수 있습니다. 이처럼 개인의 기록이 다른 수많은 사람들의 시선에 노출되기 쉬운 환경인 만큼 프라이버시를 보호하는 것도 더욱 힘듭니다.

한편 인터넷 환경에서 개인의 노출이 많아지면서 한 가지 더 중요한 문제가 발생했습니다. 예전에는 나의 사적인 내용이 드러나면 그것만으로 프라이버시의 침해라고 보곤 했습니다. 하지만 워낙 프라이버시 침해가 일상화된 탓에 이제는 그런 침해를 하나하나 다 문제 삼기에는 오히려 쑥스러워질 정도가 됐죠. 내가 드러나는 것은 놀랍지도 않습니다. 요즘엔 적극적으로 자신을 드러내는 사람도 많으며, 있는 그대로를 봐준다면 차라리 문제되지 않을 수도 있습니다. 정작 심각한 문제는 개인에 대한 정보와 이미지가 인터넷상에서 퍼져 나가면서 왜곡되는 현상입니다.

인터넷의 발달로 개인정보를 퍼 나르기가 쉬워졌기 때문에 개인에 대한 정보가 왜곡되는 일은 더욱 심해지고 있습니다. 인터넷 기록을 반복적으로 퍼 나르다 보면, 게시글의 전체 맥락을 보기보다는 도드라진 부분만 보고 함부로 다른 사람을 평가하는 경우가 더욱 늘어날 수 있습니다. 다시 앞의 예화로 돌아가 볼까요? 생일파티 때 찍힌 맥주 캔 사진은 사실 그 자리에 함께 있던 아빠의 것이었다면 어떨까요? 그런 사정이 빠지고 사진만 돌아다닌다면, 그 학생은 '학생 때부터 술을 마신 불량한 사람'

잊힐 권리가 인터넷 세계의 화두가 되면서 여러 나라에서 잊힐 권리에 대한 관련 법적 조치를 취해왔다. 우리나라에서도 잊힐 권리를 위한 가이드라인을 제정했는데, 이에 따르면, 본인이 작성한 게시물에 한하여 게시판 관리자에게 게시물 삭제 또는 접근 배제를 요청할 수 있다. 하지만 법으로 접근 배제나 삭제가 금지된 경우나, 접근 배제를 요청받은 게시물이 공익과 상당한 관련성이 있는 경우에는 이런 권리를 행사할 수 없도록 했다.(머니투데이, 2015년 5월 5일)

으로 여겨질 겁니다. 또 학생이 쓴 욕설 글만 모아놓고 본다면, 사실 평소에 주기적으로 봉사활동을 했던 면모는 보지 못할 겁니다. 이렇듯 인터넷에서는 한 사람의 긍정적인 면을 포함한 총체적인 인격이 묘사되는 것이 아니라 단지 부정적인 측면만이 크게 부각되는 일이 빈번합니다.

심지어 사실이 아니거나 주목받을 만한 일도 아닌데 인터넷에 관련된 말들이 떠돌아다니면서 개인의 인격을 심하게 훼손시키는 경우도 있습니다. 이를테면 2019년 초 유명 아이돌 멤버가 운영하는 '버닝썬' 클럽의 성폭력과 마약거래가 밝혀지면서, 여러 연예인과 유명인사가 이 사건과 관련 있다는 루머에 시달리기도 했습니다. 단순히 클럽에 놀러갔거나 행사 관계로 참가한 일이 있다는 것만으로도, 혹은 사건 용의자들과 평소 친분이 있다는 것만으로도 억측과 음해가 SNS 등을 타고 마구 퍼져갔습니다.

이러한 왜곡된 퍼 나르기 행위는 과거와 현재의 구분도 없애버립니다. 즉 오래된 과거 기록을 소환하여 현재의 것으로 둔갑시키기도 하지요. 그래서 어떤 사람의 생각이 과거와는 완전히 달라졌더라도 그것을 충분히 고려해주지 않습니다. 10년 전에 성차별적인 생각을 가졌던 사람이 있다고 해봅시다. 하지만 그 사이 경험과 공부를 통해 이제는 그런 생각을 하지 않게 됐습니다. 10년이면 강산도 변하니까요. 하지만 10년 전에 쓴 글만 보면 그는 여전히 성차별주의자이고, 그런 기록이 그의 현재를 괴롭힐 수 있습니다. 과거 기록에 기초한 평가로, 개인의 현재 모습이 왜곡될 수 있는 것입니다. 그렇게 자신이 그릇되게 평가받는다면 너무나 억울한 일 아닌가요?

시공간의 제약 없이 일어나는 프라이버시 침해는 한도 끝도 없습니다. 그래서 과거의 기록에 붙잡힌 개인의 인생은 한 치도 앞으로 나갈 수 없습니다. 진학·취업·결혼에 지장을 받을 뿐 아니라, 결국 개인의 새 출발도 힘들어질 겁니다. 개인의 발달은 그렇게 멈춰 서버리게 됩니다. 과거가 낙인이 되어 개인의 앞날을 가로막는 일은 조금도 정당하지 않습니다.

나에 대한 기록은 내가 결정할 수 있어야 한다

오늘날 디지털 세계는 과거의 흔적을 문신처럼 새겨놓기 때문에 앞길이 막혀 고통 받는 사람들 가운데에는 극단적인 선택을 하는 경우도 있습니다.

2006년 UC 버클리대학 신문사 『더 데일리 캘리포니안The Daily Californian』은 버클리대학의 미식축구 선수였던 크리스 퍼츠가 성인클럽에 드나들며 벌인 악행을 보도했습니다. 크리스 퍼츠에게 온갖 비난이 쏟아졌고, 그로 인해 심리적 고통을 견디지 못하여 결국 2010년 자살로 생을 마감했습니다.

하지만 디지털 세계에서는 죽는다고 끝이 아닙니다. 크리스 퍼츠의 경우, 그의 장례식 기사와 함께 성인클럽 추문기사가 웹사이트에 게시되거나 링크로 제공되었습니다. 이에 분개한 크리스 퍼츠의 아버지가 인터넷 기사의 삭제 및 손해배상을 청구했지요. 하지만 법원은 이 청구를 받아들이지 않고 해당 기사는 인터넷에 유지되어야 한다고 판시했습니다. 언론의 자유를 보호한다는 명분이었죠. 이처럼 과거에 한 말과 행동이 영원히 지워지지 않는 '주홍 글씨'가 되어 죽어서도 유령처럼 따라다닐 수 있습니다. 디지털 흔적은 새 출발을 막는 걸림돌이 될 뿐만 아니라 죽어서도 그 망자亡者를 평가하는 데 이용되며, 유가족에까지 정신적 고통을 유산으로 남겨줄 수 있습니다.

인터넷에 올라온 개인의 기록이 사회적으로 비판받아 마땅한 내용이더라도 당사자가 충분히 잘못을 인지하고 상당한 기간이 지났으면 이젠 그만 지워줘도 될 것입니다. 이런 기록을 그대로 남겨두면 한 개인에게 극단적인 선택을 생각하게 할 만큼 회복되기 어려운 피해를 줄 수 있습니다. 이런 개인의 고통과 피해를 외면하면서까지 개인 디지털 기록의 삭제를 막을 이유가 어디에 있을까요?

인터넷 환경에서 프라이버시는 죽어 가고 있다고 말할 수 있습니다. 인간은 누구라도 자기 자신에 대한 정보를 통제할 권리가 있습니다. 하지만 디지털 사회에서는 그럴 만한 수단이 거의 사라졌지요. 그래서 프라이버시를 지키기 위한 새로운 원칙이 마련되어야 합니다.

무엇보다 개인은 자신과 관련된 정보를 공개할지 혹은 공개하지 않을지를 선택할 수 있어야 합니다. 공개 여부에 대한 어떠한 압력도 있어서는 안 됩니다. 사적인 영역을 나의 허락 없이 남들이 들여다볼 권리는 없으며 허락받지 않은 자료를 활용하여 나에게 해로운 영향을 끼칠 수 있는 용도로 이용하는 것은 더욱 용인될 수 없습니다. 앞에서 제시한 사례처럼 대학에서 신입생을 선발할 때 지원자의 인터넷 기록물을 모두 드러내야 한다면 그것은 내가 원하지 않는 나의 모습을 드러내는 것이므로 프라이버시의 침해라고 볼 수 있습니다. 나에 대한 정보의 공개는 오직 내가 결정할 사안입니다. 너무도 당연한 원칙 아닌가요?

행여 과거에 내가 기록하여 공개한 것이라 하더라도 언제든지 공개하고 싶지 않을 때는 공개 자료를 비공개로 전환하거나 자료를 삭제할 수 있어야 합니다. 그렇지 못하면 인터넷에서의 나의 인격과 이미지는 타인에 의해 왜곡될 수밖에 없습니다. 그러면 내 삶이란 게 사라지게 되지요. 타인의 개입으로부터 나를 보호하기 위해서는 나에 관한 정보를 선택적으로 삭제할 수 있는 권리, 즉 잊힐 권리가 필요한 것입니다.

그런데 일반적으로 사람들은 이러한 프라이버시의 의미를 생각하여 보호하려 하지 않고 오히려 다그치기만 하는 것 같습니다. 과거의 기록을 지우려는 건 뭔가 떳떳하지 못해서 그런다는 비난도 있습니다. 가당치도 않은 비난이죠. 사생활은 본래 공개하지 않는 것이 원칙이며, 본인이 원할 때만 밝히는 것입니다. 또한 위법적인 일이 아닌데 개인의 모든 흠결과 실수까지 영원토록 인터넷상에 '박제'해놓으라는 건 가혹한 일입니다. 솔직히 과거에 자신이 인터넷에 작성한 모든 기록을 공개하고서 당당할 수 있는 사람이 얼마나 될까요? 공개할 수 없는 일은 애초에 하지 말았어야 한다는 다그침은 프라이버시를 조금도 염두에 두지 않는 반인권적 횡포입니다.

요컨대 잊힐 권리는 디지털 환경에서 나의 영역을 확보하기 위한 권리입니다. 이제 타인의 시선은 너무도 많아졌고 왜곡되기 쉬우며, 그것이 과거에서부터 현재를 넘어 미래에까지도 멈추지 않고 나를 들춰보고 있지요. 그만큼 개인의 프라이버시가 크게 위협받고 있습니다. 디지털 기록이 개인의 미래와 가능성을 제약하는 것을 막기 위해서는 그 기록에 관한 자기 결정권으로서 잊힐 권리가 보장되어야 합니다.

잊힐 권리는 나의 삶에 대한 결정권을 회복하는 권리입니다. 그리하여 나를 찾고 나를 만들어갈 수 있게 해주는 권리입니다.

 ## 알권리 위축

디지털 흔적은 사람을 제대로 알게 해준다

모든 사람은 살아가면서 각종 흔적을 남깁니다. 그 흔적들은 그 사람이 살아온 과정을 보여주는 동시에 그 사람이 어떤 사람인지를 알려주지요. 그래서 우리는 한 사람을 평가할 때 그 흔적들을 살펴보기 마련입니다. 인터넷 공간이 주된 삶의 터전이 된 오늘날, 한 개인을 제대로 알기 위해서는 당연히 디지털 흔적도 필요합니다. 디지털 흔적은 단순히 개인의 프라이버시가 아니라, 그 사람이 우리 사회에서 어떻게 살아왔는지를 보여주는 공적인 기록이기도 한 것입니다.

이해를 돕기 위해 높은 경쟁률을 보이며 매년 주목받고 있는 경찰 채용 시험의 사례를 생각해보겠습니다. 요즘 한국 사회에서 청년들에게 가장 중요한 화두 가운데 하나는 취업 문제이며, 연간 수십만 명이 공무원 시험에 응시하고 있습니다. 취업 경쟁이 치열해지면서 공무원이 되는 것은 더욱 어려워지고 있지요. 다른 업무도 아닌 국민에게 봉사하는 공직자를 채용하는 것인 만큼 더욱 투명하고 공정해야 하며, 능력도 중요하겠지만 무엇보다 인성도 두루 살펴볼 수 있어야 합니다. 이와 관련하여 개인의 디지털 흔적은 지원자의 인성과 자질을 잘 보여줄 수 있습니다.

경찰 채용을 위한 면접 시험장 분위기는 어떨까요? 여느 시험장이나 마찬가지로 긴장감이 감돌 것입니다. 긴장되는 면접시험일. 면접관이 묻습니다.

"성범죄가 많이 발생하고 있는데, 피해자가 신고했을 때 가장 주안점을 두어야 할 부분은 무엇이라고 생각하나요?"

이 질문은 어느 지역의 경찰 채용 면접에서 실제로 제시된 문항입니다. 경찰 채용 시험에서 면접이 차지하는 비중은 25%에 달하니 응시자는 매우 신중하게 대답해야 할 것입니다. 정답이란 건 없겠지만, 다음과 같은 답변이면 무난할 것 같습니다.

"피해자의 입장에서 접근하여 피해자가 겪은 심리적 피해를 최소화하고 심리적 안정을 유도하는 게 우선일 것입니다. 특히 조사과정에서 2차 피해가 발생하지 않도록 각별한 주의가 필요합니다."

하지만 이 대답으로 응시자가 올바른 자세를 갖추었다고 확신할 수 있을까요? 면접에서 도덕적으로 뻔한, 교과서적인 답변을 하는 건 쉬운 일입니다. 그 사람의 실제 생각을 알 수는 없는 것이죠. 기껏해야 "정말 그렇게 생각하나요?"라고 다시 물을 수 있을 것입니다. 그렇다면 이것은 정말 우스운 질문이 될 것입니다. 재차 확인하기 위한 면접관의 질문에 응시자가 뭐라고 대답할까요? "아니요, 사실 속마음은 그렇지 않습니다. 피해자의 행실에는 문제가 없었는지도 살펴봐야 합니다. 면접이라서 준비한 답을 얘기했을 뿐입니다"라고 말할 사람이 있을까요? 이처럼 뻔한 질문과 정해진 답변으로 국민의 생명과 재산을 지키는 경찰을 선발하는 게 과연 적절할까요?

경찰 채용시험 지원자의 진실한 속내를 알고 싶어 하는 걸 그저 관음증으로 볼 수는 없을 것입니다. 그리고 지원자의 사람됨됨이는 말로써가 아니라 과거의 일상적 경험을 살펴볼 때 제대로 파악할 수 있습니다. 이런 점에서 과거의 디지털 흔적은 지원자가 어떤 사람인지 알려주는 중요한 참고자료가 됩니다. 이는 한 개인의 사생활을 궁금해하는 것과는 다릅니다. 그 사람이 지원하는 업무에 적합한지 알고자 하는 것이지요.

이처럼 디지털 흔적은 그가 어떤 사람인지 밝히는 데 유용한 자료이기도 합니다. 누군가를 제대로 아는 일은 쉬운 게 아닙니다. 그래서 열 길 물속은 알아도 한 길 사람 속은 모른다는 말도 있지요. 하지만 디지털 흔적은 그 사람이 평소 어떤 생각을 품고 사는지 보다 잘 드러내 줍니다. 이 때문에 특히 공직자를 뽑을 때 디지털 흔적은 매우 중요한 역할을 할 수 있습니다.

예컨대 과거에 성폭력 피해자에게 "당할 만도 하다" "지가 먼저 꼬리 친 거 아냐?"라고 인터넷에 글을 쓴 사람이 경찰이 되거나, "어린 애들이 섹시해"라는 등의 소아성애와 관련된 글을 쓴 사람이 교사가 된다면 어떻겠습니까? 실제로 우리 사회에서는 그와 비슷한 경우가 있어서 나중에 큰 문제가 되기도 했습니다. 범죄에 대해 무감각하며 피해자에게 2차 피해를 가하는 사람이 경찰이 되는 것이 올바른 일일까요? 또 아이들을 성적 대상으로 보는 사람이 교사가 되는 게 문제가 없을까요? 하지만 과거의 개인 기록을 모두 삭제할 수 있다면 누구라도 과거의 잘못된 언행과 자신의 비뚤어진 생각을 숨기고 공직자가 될 수 있을 겁니다. 잊힐 권리를 무작정 인정할 수 없는 이유가 바로 여기에 있습니다.

고위 공직자나 국회의원의 경우는 문제가 더 심각할 수 있습니다. 잊힐 권리가 무분별하게 허용된다면, 독재자를 찬양하거나 헌법 정신을 어기는 언행을 숱하게 해온 사람도 아무도 모르게 높은 자리에 올라갈 수 있습니다. 여러분도 장관과 같은 고위 공직자를 임명할 때 청문회를 하는 모습을 많이 봐왔을 겁니다. 그런데 그 후보자가 잊힐 권리를 활용해 자신에게 불리한 그런 디지털 흔적을 그전부터 지워왔다면 제대로 검증이 되기 힘들 겠지요.

혹시 공직자의 경우에만 잊힐 권리를 인정하지 않으면 된다고 생각할지 모르겠습니다. 하지만 애초에 누가 공직자가 될지 알 수 없기 때문에 그건 해결책이 되지 않습니다. 예컨대 경찰 채용시험을 치르기 전에 미리 자신의 과거를 세탁해버린다면 그만이니까요.

디지털 흔적이 유용하게 사용되는 경우는 이밖에도 많습니다. 대학에서 학생을 선발할 때, 기업에서 사원을 채용할 때, 결혼 상대를 선택할 때 등 대상자를 확실히 알 필요가 있는 경우는 적지 않습니다. 그래서 다른 나라에서는 이런 경우에 디지털 흔적을 다양하게 활용하고 있습니다.

미국 대학은 학생을 선발할 때 학생의 SNS 기록을 중요한 선발기준으로 판단하여 확인하고 있습니다. 대학의 입학사정관 약 35%가 학생의 SNS 계정을 확인하고 일부는 학생이 등록한 콘텐츠도 확인합니다. 대학은 자신들이 원하는 인재상에 적합한 지원자를 선발할 권리가 있기 때문에 지원자가 SNS에서 정직성, 도덕성, 지적 성숙함을 의심케 하는 행동을 한 경우 합격을 취소할 수 있습니다. 실제로 하버드 대학교는 채팅방에서 노골적인 성적 메시지는 물론이고 특정 종교나 일부 소수 인종을 공격하는 메시지나 사진을 주도적으로 올리거나 퍼 나른 학생의 합격을 취소했었죠.

입학사정관은 학생의 학업 능력뿐만 아니라 진정성이 있는 인재를 찾기 위해 지원자의 성향을 가능한 한 종합적으로 파악하고자 합니다. 그런데 입학사정관 앞에서 학생들은 부끄러운 기록은 숨기고 조그마한 능력은 과대 포장하기 마련입니다. 그렇게 겉으로 드러난 행동과 자료만으로는 학생들을 제대로 알 수 없습니다. 반면에 SNS를 토대로 학생의 평상시 생활 및 습관을 파악할 수 있다면, 학생의 인성이나 성품 등 자질을 확인하고 대학에 와서 어떻게 공부하고 사회에 기여할 수 있을지도 가늠해볼 수 있을 것입니다. 특히 성적만이 아니라 인성을 갖춘 인재를 사회에 배출해야 하는 것은 대학의 책무이기 때문에 디지털 흔적은 잊힐 게 아니라 충분히 남겨져야 합니다.

미국의 상당수 기업들도 겉으로 드러난 경력 외에 가려진 인성과 품성을 판단할 수 있는 자료로써 지원자의 인터넷 기록을 참고하고 있습니다. 미국 취업정보회사인 '캐리어빌더'가 2009년 주요기업의 인사담당자를 대상으로 한 설문조사에서 인사담당자의 45%는 SNS로 취업 희망자의 성향을 조사한다고 답변했습니다. 그리하여 불적절하다고 판단되면 실제로 채용하지 않았다고 합니다.

기업에서는 SNS를 신입사원 채용의 합리적인 판단 근거로 활용한 것이지요. SNS를 조사해보니 성적인 요소나 부적절한

잊힐 권리 vs 표현의 자유… 영화 '암수살인' 법정공방

다음달 3일 개봉하는 영화 '암수살인'의 동기가 된 실제 살인 사건의 피해자 유족과 영화 투자배급사가 이 여부를 놓고 법정 공방을 펼쳤다. '잊힐 권리'와 '표현의 자유'가 정면 충돌했다.

서울중앙지법 민사50부(수석부장 김상환)는 28일 유족 최모씨가 쇼박스를 상대로 낸 영화상영금지가처분신청에 대한 심문 기일을 진행했다. 재판부는 "헌법을 기본권이 중대하게 제한된다는 높은 정도의 소명이 있을 때만 영화 상영의 사전 금지가 가능하다는 것이 일관된 대법원의 입장"이라며 "고인이 돌아가신 장면도 99% 재연했

피해자 유족 동의 없이 제작 논란
내달 1일쯤 상영금지 여부 결정

다는 이유로 영화 상영을 사전 금지할 수 있느냐가 핵심 쟁점"이라고 밝혔다.

유족 측은 자신들의 동의 없이 영화화한다는 점을 강조했다. 대리인은 "동의 없이 실제 범행 장면이 영화로 제작되면서 범죄 피해자, 유족들의 인격권이 침해돼 상당한 고통을 겪게 된다"라며 "유족들이 기억을 더 이상 환기하지 않고, 대중매체를 통해 대중이 알지 않게 할 '잊힐 권리'가 있

다"고 상영 금지를 요구했다. "실제 범행 수법과 장소, 시간, 피해 상태 등을 99% 동일하게 재연한 이 영화를 창작이라고 볼 수 있는지 의문"이라며 "유족에게 사전 협의를 요청하지 않는 건 인격적 침해를 줄이려는 노력도 하지 않았다"고 지적했다.

반면 쇼박스 측 변호인은 "제작사가 가족 동의를 못 받은 것은 변론에 앞서 사과를 드린다"라면서도 "어떻게 부담되는 장면은 일상에서 쉽게 알아내는 일이라 동의를 받을 필요가 없다"고 반박했다. 그러면서 "실제 영화 제작 과정에서 피해자가 연상되지 않도록 모든 장치를 했다"고 주장했다.

과거 법원은 가수 김광석의 아내를 타살 용의자로 지목한 영화 '김광석', 이혼소송 유리 사건을 다루는 과정에서 어린 어머니의 목소리를 그대로 넣은 영화 '그놈 목소리' 등에 대한 상영금지 사건에서도 가처분신청을 받아들이지 않았다. 다만 박정희 전 대통령 암살을 다룬 영화 '그때 그사람들'에 대해서는 일부 장면을 삭제하는 조건부 상영 결정을 내렸다. 재판부는 영화 개봉날짜를 고려해 이르면 다음달 1일 상영 금지 여부를 결정지을 계획이다. 영화 '암수살인'은 2007년 부산에서 일어난 실제 살인사건을 바탕으로 제작됐다. **장반석 기자**

> 누군가가 잊혀지고 싶다면, 그 사람에 대해서 다른 사람이 언급하는 것도 금지되어야 하는가? 그런 권리는 사람들의 입을 막아버리게 되지는 않을까? 2018년 개봉한 영화 〈암수살인〉은 사건이 잊길 원하는 유족들과 법적 갈등을 겪어야 했다. 이렇듯 잊힐 권리는 알권리와 표현의 자유를 제약하는 측면이 있다. (한국일보 2018년 8월 29일)

사진을 게재하거나 물의를 일으킬 만한 약물을 사용한 사람들이 있었습니다. 또 이전 직장이나 동료에 대한 험담을 하거나 기업의 기밀을 누설한 이들도 있었고요. 이런 사람들을 채용했다가는 기업에 오히려 해악을 끼칠 수 있습니다. 이런 이들을 채용하지 않은 건 기업뿐만 아니라 사회적으로도 다행스러운 일이 아닐 수 없습니다.

한국에서도 취업 경쟁이 심해지면서 기업에 도움이 될 인재를 뽑는 게 더욱 어려워지고 있습니다. 선입견을 갖지 않고 채용을 해야겠지만 과거의 기록은 선입견보다는 보다 정확한 정보를 줍니다. 디지털 흔적은 화려한 어휘로 포장된 자기소개서에 나오지 않는 진실의 모습입니다. 평상시 모습을 들여다봄으로써 지원자가 기업에 기여할 수 있는 자세를 갖추었는지 파악하는

것은 기업 입장에서 보면 당연한 일입니다.

개인적으로도 디지털 흔적이 유용한 경우가 있습니다. 결혼 상대자를 알아보려고 할 때가 그 좋은 예죠. 결혼이라는 선택은 쉽게 여러 번 할 수 있는 것도 아닙니다. 한 번의 선택이 삶에 커다란 영향을 미칠 수 있습니다. 이 중요한 선택을 할 때는 최대한 상대를 제대로 파악할 수 있어야 합니다. 필요하다면 디지털 흔적도 활용할 수 있어야 하지 않을까요?

행여 결혼생활이 파탄에 이른 경우, 이혼의 책임을 규명할 때에도 디지털 흔적을 유용하게 사용할 수 있습니다. 2010년 미국 결혼전문 변호사 학회가 발표한 자료에 따르면, 회원 중 81%가 최근 5년간 이혼 소송에서 SNS에서 얻은 증거물을 상대측에 제시한 적이 있다고 합니다.

디지털 흔적에도 책임이 따른다

이처럼 디지털 흔적은 다양하게 사용될 수 있습니다. 삶의 상당 부분을 인터넷 공간에서 보내고 있는 지금 이 시대에, 디지털 흔적은 겉으로 드러나지 않는 개인의 모습을 보여주는 중요한 정보입니다. 반면에 디지털 흔적을 지우고 싶다는 요구는 진실을 지워버리겠다는 의도일 수도 있습니다. 그래서 잊힐 권리가 잊힐 때 오히려 사회가 투명하고 건전해질 수 있는 것입니다.

특히 자신의 모습을 직접 드러낼 때에는 우아하고 품위 있게 행동하던 사람이 인터넷에서는 폭력적인 언어와 행동을 보이는 경우가 많습니다. 서로 얼굴이 보이지 않고, 상대가 누군지도 모르기 때문에 함부로 행동하는 거죠. 여러분들도 인터넷에서의 각종 '패드립'이 익숙하겠지요. 그런데 잊힐 권리마저 보장되면 개인의 가면은 더 두터워지고 인터넷에서의 패륜적인 언행도 더욱 늘어날 것입니다. 나중에 깨끗이 '세탁'하면 그만이라고 생각하고 함부로 행동하겠지요. 진실된 모습은 가려지고, 사회에는 가식적인 모습만이 남게 될 것입니다.

디지털 흔적은 한 사람이 살아온 과정이며, 그 사람의 또 다른 모습을 보여주는 자료입니다. 모든 디지털 기록을 쉽게 삭제할 수 있도록 잊힐 권리를 보장하면 사회적으로 유용하게 활용될 수 있는 기록 혹은 개인의 인성을 검증하여 사회의 투명성을 높이는 데 필요한 가장 진실한 자료도 잃을 수 있습니다. 프라이버시 보호라는 미명하에 진실을 가리고 과거를 묻는 것은 궁극적으로 사회에 이롭지 않습니다.

과거의 흔적을 지우려는 건 일반적으로 과거에 밝히기 부끄러운 일이 있었기 때문일 겁니다. 하지만 책임질 만한 일을 했으면 그에 걸맞게 책임지면 될 일입니다. 그것이 사회 구성원으로서 마땅한 일이 아닌가요? 잊힐 권리는 사회적 해악을 일으키고서 그에 대한 책임은 회피하겠다는 발상에 지나지 않습니다.

자유가 보장된 공간일수록 더욱 많은 책임감이 요구된다는 사실을 기억해야 합니다. 인터넷 공간은 모든 이에게 열린, 자유로운 공간입니다. 그런데 많은 사람이 마음 내키는 대로 폭력적 언어를 사용하고 음란성을 절제하지 못했으며 거리낌 없이 부도덕하고 반사회적인 행위도 해왔습니다. 이름과 얼굴이 가려진 것을 믿고서 충동적으로 행동한 탓이 큽니다. 이처럼 익명성이 무책임한 행동을 유발시키는 디지털 세계에서 잊힐 권리는 그 무책임한 행동을 더욱 조장할 위험이 있습니다.

잊힐 권리는 행동의 결과에 대한 책임을 본인 스스로 져야 한다는 사회적 원칙을 훼손할 수 있습니다. 사회 구성원이 책임감 있게 행동하도록 유도하기 위해서라도 가급적 디지털 기록을 충분히 남겨두어야 마땅합니다.

✚ 생각 플러스 ✚

잊힐 권리에 대한 평가는 디지털 흔적을 사적인 기록으로 볼 것인지 아니면 공개된 사회적 자료로 볼 것인지의 논쟁과 관련될 수 있습니다.

이를테면 SNS를 개인의 사적인 일기장으로 보는 시각이 있을 수 있습니다. 실제 SNS에 올라온 기록들을 보면 매우 사적인 성격의 것이 많습니다. 음식점에 가서 맛있는 음식을 먹으며 찍은 사진처럼 평상시 모습이 담겨져 있죠. 또 특정한 기사에 반응하는 댓글도 순전히 자유롭게 표현한 자기만의 생각일 수 있습니다.

차이는 과거에는 이런 기록들을 종이로 된 인쇄물에 남겼지만 이제 인터넷에 남길 뿐이라는 것입니다. 종이 기록은 사실 관리하기도 쉽지 않아 불편함이 많았습니다. 하지만 인터넷을 활용하면 관리하기도 쉽고 오랫동안 간직할 수 있으며 훼손되지 않는 등 장점이 많습니다. 그래서 개인들은 단지 그 편리함을 활용했을 뿐 기록 자체는 순전히 사적인 것이라는 견해가 있지요. 따라서 개인이 사적인 용도로 작성한 자료를 함부로 다른 용도로 사용하는 것은 적절하지 않다는 주장이 가능합니다.

하지만 인터넷 자체가 개인 공간이 아니라는 시각도 있습니다. 인터넷 공간에 게시된 글과 사진은 남이 볼 수 있도록 공개된 것입니다. 누구도 이 같은 사실을 모르고 글과 사진을 인터넷에 올리는 경우는 없으며, 만일 인터넷 공간을 순수하게 개인 일기장과 같은 사적인 공간으로 여겼다면, 남들에게 보이도록 쓰지도 않았을 것이라는 주장입니다. 다시 말해 인터넷 공간은 공개된 사생활이고 자기 스스로 선택적으로 드러낸 모습이라는 얘기이죠. 따라서 그렇게 공개적으로 드러난 기록에 근거하여 개인을 평가하고 입학과 채용 등에 활용하는 것은 큰 문제가 되지 않을 것이라는 주장이 가능합니다.

그렇다면 여러분은 개인의 디지털 흔적을 어떻게 평가하고 판단하겠습니까? 그저 사적인 기록이라 생각하나요, 아니면 공개성에 중점을 둬서 사회적으로 얼마든지 활용할 수 있는 자료라 생각하나요?

한편 잊힐 권리는 잊히려는 사람과 기억하려는 사람의 대립으로 인해 논란을 야기합니다. 사회적 상호작용이 복잡하게 연결되어 있는 디지털 세상에서 개인정보를 지울 것인가, 아니면 남길 것인가의 문제는 명확하게 해결되기 어렵습니다. 디지털 세계의 복잡한 연계성은 사용자들의 권리도 얽히게 만들고 있기 때문입니다. 그래서 잊히려는 사람의 잊힐 권리를 보장하면 기억하려는 사람의 권리가 훼손될 수 있습니다. 이처럼 두 권리의 충돌로 보면 잊힐 권리에 관한 논쟁은 더욱 첨예해질 수 있습니다.

이를테면 SNS를 이용하는 사람이 많아지면서 이들이 음식점에서 음식을 먹고 올린 글이 음식점 영업에 큰 타격을 주는 경우가 많습니다. 글을 올리는 쪽에서는 일기나 다름없는 메모일 뿐이지만 파급력은 큽니다. 그렇다 보니 그것을 악용하여 음식을 무료로 제공하라고 요구하고, 그 요구를 들어주지 않으면 인터넷에 글을 올려 망하게 만들겠다고 협박을 하는 경우도 있다고 합니다. 그렇게 악의적으로 작성된 게시글을 삭제할 수 없다면 음식점 주인의 생계는 어려워지겠지요. 이때는 잊힐 권리가 정당해 보입니다.

　그런데 한편, 구매한 상품에 대한 불만이나 병원의 부당한 진료, 음식점의 음식 맛이나 불친절한 서비스 등에 대해 인터넷에 평가 기록을 남기는 것은 소비자로서 당연한 권리를 행사한 것으로 볼 수 있습니다. 이때는 잊힐 권리가 소비자의 알권리를 훼손할 수 있습니다. 이럴 때 충돌하는 권리를 어떻게 조정해야 할지 고민해볼 필요가 있습니다.

자연물에 대한 독점 VS 연구에 대한 보상

여러분도 거울을 보며 '난 왜 이렇게 생겼을까?'라고 스스로에게 질문을 해본 일이 있을 것입니다. 하지만 이러한 질문은 여러분만 하는 게 아닙니다. 그것은 생명공학자들도 가장 궁금해하는 질문이지요. 생명공학자들이 특별히 관심을 갖고 연구하는 것도 인간의 다양한 특성과 유형을 결정하는 물질인 DNA입니다.

인간을 비롯한 거의 모든 생명체들은 DNA를 갖고 있습니다. DNA는 염색체 안에 들어 있으며, 얼굴·근육·머리카락·피부 등 우리의 전체적인 특징을 결정짓는 설계도라고 할 수 있습니다. DNA 가운데 특별히 유전정보를 지닌 DNA를 일반적으로 유전자라고 부릅니다. 사람들은 그 유전자에 관심이 많습니다.

DNA의 암호를 풀어 인간 몸의 완전한 설계도를 그려내는 것은 모든 생명공학자들의 꿈이었습니다. 미국의 제임스 왓슨과 영국의 프랜시스 크릭이 DNA의 이중나선 구조를 밝혀낸 이후 생명공학은 폭발적으로 발전하여 수없이 많은 연구자들이 DNA의 작동원리에 대한 연구에 몰두했습니다.

하지만 어느 누구도 혼자서는 인간의 유전정보를 모두 분석할 수 없었습니다. 여러 나라의 연구진들은 함께 일하여 연구 성과를 공유하는 협력이 절실하다는 것을 점차 깨닫기 시작했죠. 그래서 1990년에 이르러 공동의 연구 프로젝트를 수행하려는 기획이 나왔습니다. 미국을 비롯하여 영국·프랑스·독일·일본·중국의 연구기관과 민간 기업이 공동으로 참여하는 '인간 게놈 프로젝트'가 시작된 것입니다. 인간 게놈 프로젝트는 유전자의 정확한 지도를 작성해서, 어느 유전자가 인간의 어떤 특성을 만들어내는지 밝혀내려는 야심찬 계획이었습니다. 13년 동안 진행된 이 프로젝트는 무려 30억 달러(약 3조4000억 원)가 투입될 정도로 대규모의 연구였죠.

그런데 서로 이해관계가 다른 이들이 모여 함께 프로젝트를 진행하기 위해서는 공동의 목표가 있어야 했습니다. 처음에 연구진들은 연구의 결과물을 전세계 모든 과학자들이 무상으로 이용할 수 있게 한다는 목표에 동의했습니다. 하지만 진행 과정에서 갈등이 일어났죠. 처음 합의했던 것과 달리, 자료 공개를 반대하며 발견한 유전정보에 대해 특허를 내고 진단과 치료의 독점권을 주장하는 사람들이 나타났던 것입니다. 연구 정보의 특허권을 둘러싼 갈등이 불거지면서 1996년 2월 인간 게놈 프로젝트에 참여하는 연구자들이 북대서양 버뮤다에 모여 회의를 했습니다. 회의 참석자들은 치열한 논의 끝에 연구 성과의 공개 및 공유가 프로젝트의 원칙이어야 함을 재확인했습니다.

그리하여 인간 게놈 프로젝트의 초안이 2000년에 발표되었습니다. 당시 미국 대통령 빌 클린턴과 영국 수상 토니 블레어는 초안 발표를 기념하면서 "프로젝트의 결과물인 인간의 유전정보를 모든 과학자들이 자유롭게 이용할 수 있어야 한다"라고 선언했습니다. 이윽고 공동 연구팀은 DNA 이중나선 구조가 발표된 지 50년이 되던 2003년, 인간 게놈 지도를 완성했다고 최종 발표하며 관련된 모든 정보를 공개했습니다. 어느 나라의 과학자든지 무료로 인간 게놈 프로젝트의 분석 자료를 이용하고 자신의 연구에 그 정보를 활용할 수 있게 된 것이지요.

그런데 인간 게놈 프로젝트에 참여한 사람들 가운데에는 유전정보의 특허권을 주장하는 기업과 이에 동조하는 과학자 집단과 정부가 있었습니다. 이들은 프로젝트가 진행되던 도중에 탈퇴하거나 프로젝트가 완료된 이후에 본격적으로 유전정보의 특허 출원에 나섰습니다.

대표적인 사람이 미국의 연구자 크레이그 벤터입니다. 인간 게놈 프로젝트를 수행하던 벤터는 버뮤다 합의에 반발하여 1998년 프로젝트에서 빠지고 민간 기업 '셀레라 지노믹스'를 설립했습니다. 유전정보를 상업적으로 이용하겠다는 의지를 밝힌 것이지요. 셀레라 지노믹스는 인간 게놈 프로젝트 연구진과 공동으로 기자회견에 나설 정도로 위상이 높았습니다. 이것은 유전정보의 상업적 이용을 주장하는 입장도 그에 반대하는 입장과 어깨를 나란히 하고 있다는 것을 보여주기도 합니다.

초기의 인간 게놈 프로젝트에 참여했던 일부 과학자들은 직접 기업을 설립하기 시작했습니다. 생명공학 회사들이 과학자들을 고용해 독자적으로 유전자의 해석 작업을 진행하는 일도 늘어났지요. 이들 기업들은 장래에 생길 엄청난 규모의 시장을 선점하기 위해 유전자 특허 경쟁을 벌였습니다. 셀레나 지노믹스사도 수천 건의 특허를 출원했죠. 인간 게놈 프로젝트로 인간의 유전자 지도를 그리긴 했지만, 그 지도를 읽어내진 못한 상태였습니다. 비유하자면 지도가 있긴 한데, 어디가 산이고 어디가 강인지 등을 모르는 것이죠. 그래서 의미를 해석하여 상업적으로 이용하려는 기업이 늘면서 유전자 특허권에 대한 논쟁이 뜨거워졌습니다.

과학자들이 가장 많은 관심을 보였던 것은 질병과 관련된 유전자입니다. 질병을 유발하는 유전자를 완전히 해석하게 되면,

이를 진단이나 개인별 맞춤 치료에 이용할 수 있습니다. 이제껏 치료가 불가능했던 유전병도 고칠 수 있게 되지요. 여러 생명을 구할 수 있는 연구인 동시에 상업적 가치도 무궁무진합니다. 그 래서 유전자 특허권은 오늘날 생명공학 분야에서 최대의 논란 거리 가운데 하나입니다.

핵심 쟁점은 바로 '인간의 유전자에 대해서 과연 특허를 걸 수 있는지, 그리고 이 유전자를 이용한 영리활동에 대해서 기업 이 독점적인 권리를 가질 수 있는가' 하는 것입니다. 한편으로는 유전자가 원칙적으로 자연의 산물이기에 특정한 사람이나 기업 이 독점적으로 이용해서는 안 된다는 견해가 있습니다. 반면에 특정 질병을 유발하는 유전자를 알아내는 것은 혁신적인 발명 이며, 상업적 이익이 있어야 효과적으로 연구를 진행할 수 있다 는 현실적 견해도 있습니다.

그렇다면 유전자에 특허를 걸고 기업이 독점적 권리를 가지 는 것은 타당할까요, 아니면 부당할까요? 특허권을 둘러싼 두 가 지 대립되는 견해 가운데 과연 어느 쪽이 환자에게 더 이득을 줄 까요? 재미있게도 양측은 모두 자신들의 입장이 결국 환자들에 게 더 큰 혜택을 가져다준다는 논리를 펼치고 있습니다.

자연물에 대한 독점

발견과 발명은 다르다

유전자는 자연에 존재하는 물질로서 자연의 산물입니다. 유전자는 인체의 특징을 만들어냅니다. 이를테면 누군가 곱슬머리라면 그것은 그 사람에게 곱슬머리를 유발하는 유전자가 있기 때문입니다. 이렇게 유전자가 인간의 특징을 만들어내는 것은 자연법칙이자 자연현상입니다.

유전자 연구자들은 세포 속의 DNA에서 인간의 여러 형질을 만들어내는 유전자를 찾아왔습니다. 그러면서 각 유전자가 어떤 역할과 기능을 하는지 알아내고 연구하면서 인간의 신체 특징과의 관련성을 알아냈을 뿐만 아니라 암을 비롯한 각종 질병을 유발하는 유전자도 발견했지요.

특정 유전자의 발견은 일종의 깨달음이었을 것입니다. 이것은 마치 태양을 중심으로 지구가 돈다는 것을 알아내는 것과 다르지 않습니다. 몰랐거나 잘못 알고 있던 것을 바르게 알게 된 것이지요. 인간이 왜 서로 다른지 혹은 어떤 이유로 각종 질환을 앓는지 알게 됨으로써 자연의 신비를 한 꺼풀 벗겨낸 것입니다.

이처럼 유전자 연구의 성과는 실재하지 않던 것을 만들어낸 게 아닙니다. 자연물로 존재하던 인체를 탐구함으로써 유전자를 발견한 것이지 발명한 게 아니란 얘기입니다. 어떤 의미에서도 유전자가 인간의 발명이라고 볼 수 없을 것입니다.

　단지 다른 사람보다 먼저 발견했다는 것만으로 특허권을 주장할 수 있을까요? 유전자 특허권은 마치 망원경으로 달과 별을 가장 먼저 본 뒤 달과 별이 자기 소유라고 주장한 것과 같습니다. 그건 누가 들어도 말도 안 되는 소리죠. 특정 유전자 조각의 발견 역시 자연물의 발견에 불과하므로 특허를 받을 수 없습니다. 이제껏 알려지지 않았던 새로운 동식물을 자연에서 발견했다고 해서 독점적 사용을 주장할 수 없는 것과 마찬가지입니다.

　그러면 신체에서 유전자를 분리하여 변형한 것은 창작물일까요? 창작물이라면 특허로 인정할 수 있기에 이 문제는 특허 분쟁에서 매우 중요한 사안입니다.

　먼저 신체에서 본래의 유전자를 분리하는 행위에 대해 생각해봐야 합니다. 유전자를 분리해서 꺼내는 것은 고도의 작업이긴 합니다. 하지만 기존의 자연물을 다른 곳에 배치하고서 그것을 특별하다고 얘기할 수 없듯이, 유전자를 단순히 인체 내에서 밖으로 꺼냈다고 해서 새로운 걸 창조했다고 인정하기는 어렵습니다. 이를테면 산에 있던 나무를 집안 화분에 옮겨 심는다고 해서 그 나무가 세상에 없던 새로운 창조물이 되는 것은 아니듯 말이죠. 인체 내 유전자의 특정 부분을 잘라내어 꺼낸 뒤 그 유전자의 기능을 알아낸다고 해서 자연물이 인공물로 둔갑할 수는 없는 것입니다.

다음으로 유전자의 분리에 이은 변형을 어떻게 평가할지 고려해야 합니다. 유전자를 변형하는 것은 뭔가 새로운 작업인 것처럼 달리 보일 수 있습니다. 그래서 유전자 분리보다 더 논란이 치열합니다.

하지만 유전자 변형은 말 그대로 변형에 불과할 뿐입니다. 새로운 유전자를 만들어낸 것이 아닙니다. 또한 유전자를 변형할 때도 자연적으로 발생하는 돌연변이 유전자를 참고해서 하기 마련입니다. 유전자 특허를 주장하는 사람들은 유전자의 변형을 무에서 유를 창조한 것처럼 대단한 것으로 포장하려 합니다. 하지만 자연을 모방하고 이용한 것에 지나지 않는 행위에 특허권을 부여할 수는 없습니다.

물론 특정 유전자를 밝혀내는 데 상당한 노력과 시간이 필요한 것은 사실입니다. 하지만 그렇다고 해서 발견이 발명으로 둔갑할 수는 없는 노릇이죠. 우리들은 언제나 과학자들의 연구 노력에 감탄하고 찬사를 보내지만, 그 노력 때문에 특허를 인정해주지는 않았습니다. 이를테면 갈릴레오 갈릴레이도 시력을 잃을 정도로 밤하늘을 관찰했다고 합니다. 그래서 그는 목성 주변에 있는 네 개의 위성을 발견하는 업적을 세웠습니다. 하지만 그렇다고 목성의 위성에 대한 권리가 갈릴레오에게 주어졌나요? 아니지요. 그는 발견했을 뿐이지 새로운 걸 발명하지 않았습니다.

그런데 수많은 연구자와 기업은 자신들이 발견해낸 유전자를 특허로 인정해달라고 조르고 있습니다. 그들이 이런 요구를 하는 것은 발견과 발명을 구분하지 못할 정도로 어리석기 때문이 아닐 것입니다. 단지 특허로 인정받아야 수익을 올릴 수 있기 때문에 발견이 아닌 발명이라고 주장하는 거지요.

유전자를 향한 탐욕을 막아야

희귀한 유전자를 찾아내 경제적 수익을 챙기려는 야욕은 생명공학 기업과 연구자들을 용감하게 만드는 모양입니다. 그들은 특이하고 희귀한 유전자 형질을 찾아내기 위해 어떠한 역경도 물리치고 전세계를 누비고 있습니다. 경제적 이익을 챙기기 위해 그야말로 '혈안'이 되어 있죠.

많은 연구자가 자연 속에서 수익을 낳을 만한 유전자를 찾아다녔습니다. 일찍이 스탠퍼드대학의 루이지 루카 카발리 스포자 교수는 전세계에서 언어가 다른 5000여 집단의 혈액 샘플을 채취하여 그 유전자 구성을 평가하고 장래에 이용될 가능성 있는 중요하고 독특한 유전형질을 찾는 프로젝트를 진행했습니다. 비평가들은 이에 대해 '흡혈귀 프로젝트'라고 비판하기도 했지요.

미국 국립보건원도 남아메리카 파나마 구아이미족 출신인 26세 여성의 세포에서 추출한 바이러스가 항체 생산을 촉진한다는 걸 확인하고 특허를 출원한 일이 있었습니다. 그 바이러스가 에이즈와 백혈병 치료제 개발에 활용될 수 있었기 때문이죠.

이렇게 다른 사람의 유전자를 이용하여 이익을 얻으려는 개인 및 기업이 많습니다. 시민단체는 이들을 '유전자 사냥꾼'이라고 비판합니다.

세계를 돌아다니며 인간의 유전자를 빼내어 상업적 이익을 도모하니 '흡혈귀 프로젝트' 혹은 '유전자 사냥꾼'이라는 다소 거친 비판을 하는 것도 충분히 이해할 만합니다. 서구의 과학자들이 희귀한 체질을 지닌 토착민의 유전자형을 조사하여 유용한 유전자를 발견 및 채취하는 광경을 보노라면, 15~16세기에 있었던 '지리상의 발견'이 떠오릅니다. 당시 서구는 토착민이 수천 년 동안 살아온 지역을 자신이 '새로' 발견했다고 주장하고는 그곳의 자원을 갈취했습니다. 다른 이들의 희귀한 유전자를 발견하고서 거기에 특허권을 설정하여 독점하려는 행위가 이와 뭐가 다를까요?

이렇게 유전자 특허에 대해 매우 신중하게 접근하는 데는 현실적인 이유도 있습니다. 유전자의 특허권을 인정한다면, 다른 사람은 별도의 허락 없이는 절대로 그 유전자를 이용한 어떤 연구나 치료도 할 수 없게 됩니다. 그렇게 되면 공공의 이익은 크게 훼손될 수도 있습니다.

자연물인 유전자에 대해 특허권을 요구하는 이면에는 독점적 이윤을 챙기려는 의도가 숨겨 있습니다. 괜한 의심일까요? 아닙니다. 이와 관련해서 유방암 유발 유전자를 발견했던 미국의 생명공학 회사 미리어드 제네틱스의 사례를 한번 살펴봅시다.

유방암은 모두 유전에 의한 건 아니며 10%만이 유전성 유방암을 앓는다고 합니다. 미리어드는 바로 그 유전성 유방암에 관계된 유전자를 알아낸 것이죠. 미리어드는 유방암Breast Cancer의 약자를 따서 이 유전자에 BRCA1, BRCA2라고 이름을 붙였습니다. 이 유전자에 변이가 일어난 여성은 유방암이 발병할 확률이 87%에 이른다고 합니다. 1994년과 1995년에 미리어드는 이 유전자들에 대해 특허를 출원했고 미국 정부는 이를 모두 인정해 주었습니다.

미리어드가 유방암을 유발하는 유전자를 발견하자 많은 사람들이 자신에게 그 유전자가 있는지 알고 싶어 했습니다. 할리우드 톱스타인 안젤리나 졸리도 그 가운데 한 사람이었죠. 그녀의 어머니와 이모 모두가 유방암으로 사망했기 때문에 그녀도 유전자 검사를 했습니다. 그리고 검사 결과 그녀도 BRCA1 유전자에 변이가 있다는 걸 발견하고, 유방암 예방 차원에서 스스로 양쪽 유방을 절제하는 수술을 받았습니다. 이처럼 BRCA 유전자 검사를 하면 유전성 유방암을 조기 진단하거나 미리 예방할 수 있습니다.

그런데 특허권을 보유한 미리어드는 BRCA 유전자에 대한 검사를 자신들의 실험실 또는 허가를 받은 병원에서만 할 수 있다고 공표했습니다. 그리고 환자들은 이 유전자 검사를 할 때마

"내 유전자는 '재산'이 아니다." 미리어드의 유전자 특허권에 대한 판결을 앞둔 미국 연방대법원 앞의 모습이다. 시민단체들은 유전자에 특허권을 설정하는 것은 사람의 몸을 재산으로 삼는, 비윤리적인 행위라고 비난했다.

다 3340달러(약 377만 원)의 금액을 지불하고 검사를 받아야 했지요. 만일 환자가 암 진단의 애매한 부분을 재확인하기 위해 다른 의사에게 2차 소견을 구하고자 한다면 미리어드에 다시 동일한 비용을 지불하고 검사를 받아야 했습니다. 이 같은 방식으로 미리어드는 2008년을 기준으로 순이익만 1억9000만 달러를 거두었습니다. 이처럼 유전자 특허권은 특허권을 쥔 기업에 독점적 이윤을 안겨줍니다.

그러자 시민단체와 일부 연구자들이 소송을 제기했습니다. 자연물인 유전자에 특허권을 얻고서 사람들의 건강을 담보 삼아 막대한 이익을 거두는 건 부당하다는 주장이었죠. 2009년에 시작된 소송 전쟁은 여러 차례 판결이 엎치락뒤치락했지만,

2013년 미국 연방 대법원은 미리어드의 특허권을 허용하지 않는 것으로 최종 판결을 내렸습니다.

이 판결은 특허에 얽매이지 않고 해당 유전자 분석 연구가 활발하게 이뤄질 수 있는 기반을 마련해주었습니다. 특허 사용료에 대한 부담 없이 누구나 유전자 연구에 뛰어들 수 있고, 일반 사람들도 비용 부담을 덜어 자신의 유전자에 이상이 있는지 알아볼 수 있게 되었죠. 만일 미리어드의 주장이 받아들여져 여전히 유방암 유전자에 특허가 있었다면 어떻게 됐을까요? 많은 사람들이 유전자 검사를 해보지 못하고, 속절없이 유방암이라는 운명을 받아들여야 했을 겁니다.

미리어드의 유전자 특허권 사례가 우리에게 보여준 바는 분명합니다. 유전자 특허권이 허용되면 유전자 검사 비용이 부담스러워 의사들은 환자들에게 쉽게 유전자 검사를 해보라고 권할 수 없고, 환자도 여간해서는 검사를 해볼 용기가 생기지 않을 겁니다. 많은 가난한 사람들은 그 검사를 받지 못하게 되고 질병을 앓거나 숙명으로 받아들여야 하겠지요.

유전자 특허는 학술적 연구에도 악영향을 끼칠 것입니다. 유전자 질환을 연구하기에 앞서 항상 특허 사용료를 지불해야 할 테니까요. 질병 원인을 알아내고 새로운 치료방법을 개발하기 위한 공적인 연구는 특허권의 제약 때문에 더디게 진행될 것입니다. 초기에 거대한 투자비용을 지출하여 특정 유전자를 발견한 기업은 막대한 수익을 올릴 수 있는 반면에, 특허권이 인정된 후 다른 연구자들의 유전자 연구 및 개발은 활력을 잃게 됩니다.

실제로 많은 유전학자들이 유전자 특허 때문에 연구가 제한되거나 중단해야 했던 경험이 있다고 말합니다. 이처럼 유전자 연구의 발전에 유전자 특허권이 걸림돌이 되고 있는 상황입니다. 그러면 그 피해는 다시 환자들을 포함하여 대다수의 사람들에게 되돌아 올 것입니다.

요컨대 유전자 특허권은 자연의 산물이자 인류의 공동자산인 유전자를 독점적으로 가져다 장사를 하려는 것이기에 결코 인정해서는 안 됩니다. 유전자 특허권에 대한 인정은 기업의 이윤을 위해서 인류 전체의 이익을 훼손할 수밖에 없습니다.

인류 모두가 고르게 혜택을 누릴 수 있는 유전자 연구를 위해서는 제2의 인간 게놈 프로젝트를 진행해볼 필요도 있을 것입니다. 공적인 목적으로 공동으로 연구하고 그 성과를 인류가 모두 공유하는 프로젝트를 통해서 질병 유발 유전자와 유전적 질환 치료법을 찾자는 것이지요. 오히려 공동으로 연구가 진행되는 만큼 연구 성과도 적지 않을 것입니다. 그것이 유전자 특허권을 인정하는 것보다 인류의 공동 유산을 다룰 때 더 현명한 태도가 아닐까요.

연구에 대한 보상

유전자 연구는 창의적인 인간 활동이다

유전자를 자연물로 보는 사람들이 유전자 특허권에 반대하면서 유전적 질병을 극복하는 데 크게 기여할 유전자 연구의 발목을 잡고 있습니다. 연구대상이 자연물인 생명공학자 혹은 유전공학자들에게 이러한 반발은 대략 난감한 문제입니다. 하지만 자연물에 대한 시각을 약간만 조정해보면 유전자 특허권을 허용하지 못할 이유는 없습니다.

조금만 다르게 생각해봅시다. 목재 조각상은 자연물인 나무를 깎아서 만듭니다. 그렇다고 목재 조각상이 인간의 창조물이 아니라고 할 수 있나요? 보석 반지는 자연의 광석을 깎고 갈아서 만듭니다. 하지만 그게 자연물이므로 상업적 상품이 아니라고 주장하는 사람은 아무도 없을 겁니다. 심지어 전혀 가공하지 않은 광석이나 원유原油에 대해서도 우리는 채취한 이의 권리를 인정합니다. 채취 행위 자체에도 인간의 노력이 들어가기 때문입니다.

생물체에 대해서도 마찬가지입니다. 연구자들이 다루는 세포는 자연으로부터 떨어져 나와 더 이상 자연 상태로 존재하지 않고 인위적으로 적절한 환경을 조성해야만 존재할 수 있습니다. 세포를 원래 몸에서 떼어내고 연구에 적합한 상태로 만드는 데는 고도의 기술이 필요합니다. 이미 자연 그대로의 상태와는 거리가 멀다고 볼 수 있습니다.

하물며 세포 안에 있는 DNA를 연구하는 것은 더욱 인위적일 수밖에 없습니다. 세포에서 DNA를 분리하려면 자연법칙을 벗어난, 매우 인위적인 조작이 필요합니다. 이를테면 중력보다 더 강한 힘을 제공하는 원심분리기를 사용하거나 자연에 없는 화학 약품을 사용하기도 합니다. 이런 인위적인 방법으로 세포막을 터트려 세포에서 DNA를 방출시킴으로써 분리해냅니다. DNA가 비록 인간의 온전한 창조물은 아니지만, 인간의 기술과 노력이 없다면 DNA에 대한 연구나 이용은 불가능하지요. 다른 자연물에 대해서는 이용 가능한 형태로 채취하고 가공하는 행위의 권리를 인정하면서, 생물체에 대해서만 예외를 두는 것은 사리에 맞지 않은 일입니다.

유전자 변형의 경우는 말할 것도 없습니다. 유전자 변형은 전문적인 용어로 유전자의 재조합을 의미하는데, 이는 특정한 유전형질을 갖는 유전자를 삽입하거나 제거하는 것을 말합니다. 재조합된 DNA는 기존에는 존재하지 않았던 새로운 것으로, 사실상 발명품이라고 볼 수 있습니다. 이를테면 쌀이나 기타 작물의 품종을 생각해봅시다. 많은 종자회사들이 맛을 더 좋게 하거나 수확을 더 많이 할 수 있게끔 기존 품종을 개량해 새로운 품종을 만들어냅니다. 마트에서 쉽게 볼 수 있는 한라봉이나 천혜

향 같은 것도 그런 식으로 만들어진 것이죠. 이렇게 개량된 품종에는 특허권이 주어지고, 재배하려면 로열티를 지급해야 합니다. 이렇듯 자연물이라고 해서 특허권이 대상이 되지 않는 것이 아닙니다. 자연물을 변형·개량해서 새로운 가치를 만들어냈다면 마땅히 특허권을 인정해줘야 합니다. 유전자의 경우도 예외가 될 수 없지요.

자연의 몸에 있던 것에서 분리·변형된 유전자를 특허 대상으로 보는 또 다른 이유는 분리·변형 행위가 매우 창의적인 일이기 때문이기도 합니다. 그것은 단순히 있는 그대로를 관찰하는 게 아니라, DNA를 재구성하는 행위입니다. 예컨대 질병을 유발하는 유전자가 인체 내에서 따로 똑 떨어져 있는 게 아닙니다. DNA의 다른 부분과 결합되어 있는데 그 결합을 끊어야 질병을 유발하는 유전자가 단독으로 존재하게 되죠. 그러려면 전체 DNA에서 어디서부터 어디까지가 질병을 유발하는 부분이고, 어떤 부분은 상관없는 것인지 파악할 수 있어야 하죠.

좀 더 이해를 돕기 위해 분재수를 만드는 일에 비유해볼 수도 있을 것입니다. 분재는 비록 자연의 나무를 기반으로 하지만 인위적인 작업으로 탄생한 창의적 예술품입니다. 분재의 모양은 매우 다양한데, 단순히 나무의 자연적 성장을 억제하여 변형하는 것은 기본이고, 살아 있는 물관을 줄기 몸통에서 분리하고 다르게 배치함으로써 자연의 나무를 완전히 넘어선 작품이 탄생하기도 하지요. 이런 분재는 자연에서는 동일한 모델을 찾을 수 없는 참신한 창작물입니다. 이처럼 분리·변형된 유전자도 유전 공학자들이 만들어낸 새로운 창작물이라고 볼 수 있을 것입니다.

요컨대 연구자들은 질병 유발 유전자를 발견한 게 아니라 창의적인 기술을 적용하여 '재구성의 발명'을 한 것입니다. 몸 밖으로 꺼내온 유전자는 몸 안에 있을 때 그대로가 아니라 일부분의 결합 상태가 변형되었습니다. 비유하자면 이는 원유를 휘발유나 경유 등으로 정제하여 실제로 이용할 수 있게 만드는 것과 비슷합니다. 전체 DNA에서 이렇게 특정 유전자만 떼어내려면 실험실에서 특수한 방법을 써야 합니다. 따라서 분리 및 변형된 유전자에 대해 특허권을 부여하는 것은 결코 무리한 일이 아닙니다.

창의적 연구에는 보상이 필요하다

유전자 특허권을 주장하는 데는 현실적인 이유도 있습니다. 유전자 연구의 노력과 수고를 보상하기 위한 현실적 제도장치가 필요하기 때문이죠. 특허권이 아닌 다른 보상책이 있다면 모르겠지만, 아직까진 특허권만큼 확실한 보상은 없습니다.

왜 유전자에 대한 연구에 보상이 필요하냐고 물을 수도 있을 것 같습니다. 우주를 연구하거나 원자를 연구할 때는 그런 보상이 따로 없지 않느냐고 하면서 말이지요. 여기엔 두 가지 정도의 이유를 들 수 있습니다. 첫째로 유전자 연구에는 비용이 많이 듭니다. 질병 유발 유전자를 찾아내는 게 현미경으로 세포를 관찰하다가 우연히 발견하는 것이라고 생각해서는 곤란합니다. 한 유전자의 기능을 알아내기 위해서는 무수한 실험과 분석이 필요합니다. 둘째로 우주에 대한 연구와는 달리 유전자에 대한 연구는 인간의 안녕과 직접적인 관련이 있습니다. 예컨대 BRCA 유전자 연구가 이루어졌기에 유방암을 미리 진단하고 발병을 막을 수 있게 되었지요. 유전자 연구는 인간의 생명과 관계되었기에 일정한 보상을 줘서 더 촉진할 필요가 있는 것입니다.

유전자 연구가 어떤 과정으로 이뤄지는지 알기 위해 토론토 의대 노에 자멜 교수 연구팀이 천식 유발 유전자를 연구하려고 트리스탄다쿠나 섬을 찾아 나섰던 이야기에 귀 기울여봅시다. 우리의 인식을 전환하는 데 도움이 될 것입니다.

영국령 트리스탄다쿠나는 남아프리카와 남아메리카 사이의 남대서양에 있는 화산섬입니다. 이 섬은 세상에서 가장 외딴 섬이라고 불립니다. 이 섬은 서울에서 1만6431km나 떨어져 있습니다. 서울에서 부산까지 거리의 50배가 넘죠. 아무도 관심을 갖지 않던 그 섬을 연구자들이 찾아 갔습니다.

트리스탄다쿠나 섬 주민들 중에는 특이하게도 천식을 앓고 있는 환자가 많았습니다. 그래서 천식의 원인을 밝히는 연구에 매우 적합했지요. 이런 의미에서 연구자들은 탐험가들이기도 합니다. 남들이 정치적으로나 경제적으로 아무런 가치가 없다고 외면했던 외딴 지역에도 연구자들은 연구할 대상이 있다면 어디든지 마다하지 않고 찾아 다닙니다.

더욱이 연구 환경도 녹록치 않았습니다. 세계에서 가장 외딴 섬이기에 그 섬에 들어가는 과정부터 어려웠으며, 그곳에 가서도 열악한 연구 환경 때문에 매우 힘들어했습니다. 1997년 4월 『로스엔젤레스 타임즈』는 당시 연구팀의 연구 과정을 보도했습니다. 연구팀원 중 한 명은 "침대는 단 두 개밖에 없었고 난방시설조차 제대로 갖춰지지 않은 가난한 섬의 병원에서 표준검사를 위한 설비를 갖추는 데 6개월이 걸렸다"라며 열악한 연구 환경을 전했습니다. 연구팀은 그러한 열악한 연구 환경 속에서도 천식의 원인을 밝혀내기 위해 고군분투하며 연구를 진행했지요.

연구팀은 주민 대다수의 혈액 샘플을 추출하고 숱한 실험을 거듭했습니다. 혈액 검사 한두 번으로 쉽게 찾아낼 수 있는 게 아니기 때문이죠. 그런 노력의 결과 천식을 유발하는 후보 유전자군을 찾아낼 수 있었습니다.

그런데 연구자들의 인내와 열정만으로 이런 결실이 나올 수 있었을까요? 인류를 위한 과학적 봉사를 연구자들에게 요구할 수는 있겠으나 그것만으로 연구가 활발하게 이뤄지기를 기대하는 것은 순진한 생각입니다. 연구자들이 순수한 열정만으로 자비를 털어 연구할 수는 없을 것이기 때문입니다.

모든 연구는 적지 않은 비용이 들어갑니다. 연구비용을 누군가 지원해주지 않으면 인류에게 절실한 어떠한 연구도 시도되기 어렵습니다. 트리스탄다쿠나 섬에 들어간 연구팀도 시쿼나 테라퓨틱스라는 기업의 지원을 받아서 연구를 수행했습니다. 시쿼나 테라퓨릭스의 자금 지원이 없이는 연구자들의 열정도 실제 연구 활동으로 이어지지 못했을 겁니다.

과학자들을 지원하는 기업이나 투자자는 이익을 원합니다. 자선 사업가가 아니니 당연한 일이지요. 그들은 수익을 언제 얼마나 낼 수 있을지 불확실한 상황에서 투자를 하고 있습니다. 그런 투자는 일종의 모험이기도 하지요. 때로는 그 모험이 기업을 도산시킬 수도 있습니다. 하지만 이런 모험이 없었다면 오늘날과 같은 유전자 연구의 성과도 기대할 수 없었겠죠. 금전적 손실의 위험에도 불구하고 투자자들은 왜 막대한 금액을 투자했을까요? 연구 성과에 대한 특허권을 통해 이익을 얻을 수 있다고 판단했기 때문입니다.

만일 유전자에 대한 특허권이 인정되지 않으면 투자가 위축될 수 있습니다. 특허를 낼 수 없으므로 이윤이 목적인 기업과 투자자는 연구를 지원할 이유가 없겠지요. 유전자의 연구를 활성화시키기 위해서는 특허 보호라는 유인이 반드시 필요합니다. 그래야 귀중한 시간과 재원이 연구에 투입될 수 있습니다. 유전자 연구의 상업적 가치가 알려진다면 투자자들이 더욱 늘어날 것이고요.

지금까지 생명공학이 괄목한 만한 성장을 할 수 있었던 것도 특허권을 보장해주었기 때문입니다. 그것이 유전자 분석 시장 규모를 키우고 다시 그렇게 넓어진 시장을 공략하기 위해 더 많은 기업이 경쟁적으로 뛰어들고 있지요.

이미 세계의 유전자 분석 시장은 2016년 기준 40억3000만 달러(약 4조8000억 원)로 보고되었습니다. 게다가 2021년에는 103억 7000만 달러(약 12조 4000억 원)까지 커질 것을 예상되고 있지요. 하지만 유전자 특허권이 허용되지 않는다면 유전자 분석 시장도 성장하지 못하고, 그에 따라 유전자 연구도 더뎌질 것입니다. 그럴수록 유전질환 치료의 길도 더욱 멀어지겠지요.

인류에게 다급하게 필요한 것은 유전자 치료의 공공성이라는 명분을 지켜내는 게 아니라 하루라도 더 빨리 유전자 치료법을 찾아내는 것입니다. 그러자면 단지 윤리적으로 껄끄럽다고 해서 유전자에 대한 특허권을 부정할 것이 아니라, 오히려 더 적극적으로 인정해야 합니다. 그러면 유전자 시장의 판이 커지면서 유전자 연구가 더욱 활발하게 이뤄질 것입니다. 지금까지 밝혀지지 않았던 질병의 원인도 더 빠르게 찾아낼 수 있을 테고요.

물론 유전자 특허권 비용 때문에 환자들이나 다른 연구자들의 초기 비용 부담이 적지 않을 수 있습니다. 하지만 생각해봅시

미래 헬스케어 시장을 선점하기 위해 글로벌 제약기업은 게놈 데이터 확보와 분석 기술에 천문학적 금액의 투자를 아끼지 않고 있다. 이들의 이런 투자는 이윤을 위한 것이지만, 결과적으로 의학의 발전에 크게 기여한다. 실제로 2000년대 초 9000달러에 달했던 유전자 검사 비용은 이제 100달러대까지 줄어들었다. 상업적 유전자 연구를 부정적으로 볼 이유가 없는 것이다.(전자신문, 2018년 11월 6일)

다. 비싼 치료법이라도 있는 편이 전혀 치료법이 없는 것보다 훨씬 나은 상황이 아닌가요? 비용 부담으로 경제적 약자가 소외된다 하더라도 잠시 동안의 고통에 지나지 않을 것입니다. 기술이 발달하면 비용은 점차 낮아지기 마련입니다. 과거에는 아무나 가지고 다닐 수 없었던 스마트폰도 이제는 누구나 다 가지고 다닐 수 있게 된 것처럼 말이지요.

　게다가 모든 특허에는 유효기간이 있습니다. 특허 기간이 지나가면, 누구나가 그 기술을 이용할 수 있게 됩니다. 그리되면 다음 세대는 좀 더 많은 혜택을 누리겠지요. 모든 사람이 유전자 연구의 성과를 누릴 수 있는 날도 머지않아 올 것입니다.

유전자 특허권은 질병 유발 유전자를 자연물로 볼 것인지, 아니면 새로운 발명으로 볼 것인지의 논쟁으로 대립하고 있습니다.

그런데 특허권은 소유권과 직접적으로 관련됩니다. 그렇다면 유전자는 누구의 것일까요? 연구자나 기업이 질병 유발 유전자의 기능과 역할을 밝혀냈다면 그 유전자의 소유권이 그들에게 새롭게 주어질 수 있는 것일까요? 아니면 그 유전자를 보유한 개인의 것으로 볼 수는 없을까요? 반면에 유전자가 자연의 것이라면 누구도 소유권을 주장할 수 없을 듯합니다.

특별히 유전자를 인류 공동의 자산으로 보면, 질병 원인 유전자를 찾아낸 연구자나 기업이 가져가는 게 일종의 유전자 수탈로 비춰질 수 있을 겁니다. 이와 관련하여 인도의 니임나무 유전자 소유권 논란이 대표적인 사례가 될 수 있습니다.

인도의 어디서나 자라나는 니임나무는 항균 특성을 가지고 있어 인도 사람들에게 수세기 동안 약으로 사용되어왔습니다. 이 나무는 특히 천연 살충제 성분도 가지고 있어서, 인도 사람들은 해충을 쫓는 데도 이용해왔습니다. 그런데 미국 기업 그레이스는 가장 강력한 살충 효능 성분인 애저디락틴을 니임나무 씨에서 분리해내는 방법을 알아내고서 특허를 받았습니다. 이렇게 토착 자원의 유전자를 가져다 특허를 내는 행위에 대해 '생물 해적' 행위, '생물 식민주의'라는 비판이 쏟아졌습니다.

니임나무 사례는 앞에서 소개된 사례와도 유사한 점이 있습니다. 트리스타다쿠나 섬 주민들에게서 천식 유발 유전자를 찾아내 특허를 받은 사례 말입니다. 이 역시 유전자 사냥꾼이라는 비판을 받았지요. 자원을 수탈하듯 유전자를 수탈한 제국주의적 행위로 보는 게 무리는 아닐 것입니다.

그런데 만일 식물이나 인간의 유전자를 탐사·연구한 기업이 해당 국가의 정부와 합의하여 보상금을 지급하면 유전자 소유권은 그 기업에 이전되었다고 봐야 할까요? 국민의 생명과 재산을 관리할 총체적인 책임을 지닌 정부는 이러한 소유권 이전을 결정할 권한이 있을까요? 국가에 유전자의 값을 지불하는 건 국민에게 직접 지급한 것이 아니기 때문에 부당할까요? 그러면 다시 가정해보겠습니다. 국가 보상이 아니라 개인 보상을 해주면 어떨까요? 니임나무를 재배한 농민이나 천식 발병 유전자를 지닌 개인에게 보상해주는 것입니다. 그러면 더 이상 문제가 없을까요?

이런 사례도 있습니다. 미국에 거주하는 스티브 크론은 지인들이 에이즈로 사망했는데 유독 자신만 에이즈에 걸리지 않아 스스로 유전자 연구소를 찾아갔습니다. 연구소는 크론의 유전자에 에이즈에 걸리지 않도록 하는 돌연변이가 있다는 것을 밝혀내고 그 돌연변이 유전자에 대한 특허를 취득했습니다. 덕분에 막대한 돈을 벌었지요. 그 액수는 100억 달러가 넘는다는 이야기가 있습니다. 하지만 유전자를 제공한 크론에게 연구소는 어떠한 보상도 해주지 않았습니다. 그래서 크론에게는 100억 달러짜리 유전자를 가진 남자라는 별칭이 붙었습니다.

그런데 만일 특정한 유전자를 소유한 사람에게 적정한 보상을 해준다면 어떨까요? 크론에게 100억 달러를 제공했다고 생각해봅시다. 특별한 유전자를 보유하면 로또 복권에 당첨되는 것과 같은 상황이 벌어질 수도 있을 것입니다. 그러면 머리카락을 잘라 팔듯이 개인이 보유한 유전자를 사고팔아도 되는 것일까요? 다음 세대에서 누군가 이와 동일한 유전자를 가지고 태어났다면 유전자 소유권을 가져간 기업은 여전히 독점적 소유권을 주장할 수 있을까요? 유전자 소유권 이전은 유전자를 인류 공동의 자산으로 보는 시각과 비교하여 어떻게 이해해야 하는 것일까요?

과도한 동물학대 VS 인간을 위한 필요악

의학 분야에서 질병의 원인을 밝히거나 그 질병을 치료하는 약을 개발하는 연구를 할 때 흔히 동물을 이용합니다. 특정한 바이러스가 살아 있는 생명체에서 어떻게 질병을 일으키는지, 그리고 개발중인 약을 투여했을 때 실제로 질병을 치료하는 데 효과가 있는지, 부작용은 없는지 알아보기 위해 사람보다 먼저 동물을 대상으로 실험을 해보는 것이지요.

의학적인 목적으로만 동물실험을 하는 건 아닙니다. 동물실험은 비단 의약품뿐만 아니라 화장품, 식품, 생활용품 등 인체에 영향을 미칠 수 있는 제품의 효능과 안전성을 확인하는 데 널리 활용됩니다.

이처럼 동물실험이 활용되는 분야는 다양합니다. 또한 사람이 사용하는 제품의 안전성 검증과는 무관하게 심리학이나 사회학, 군사학 분야에서도 동물실험을 활용하고 있습니다. 인간의 심리나 행동을 파악하거나 군사용 무기의 효과를 알아보기 위해서도 동물을 대상으로 실험을 하는 것이죠.

실험에 사용되는 동물도 여럿입니다. 실험의 종류나 방법에 따라 다르지만 초파리나 바퀴벌레는 물론이고 쥐·토끼·원숭이·침팬지 등 대부분의 동물들이 실험에 사용될 수 있지요. 예전에는 그냥 기르는 가축을 실험 대상으로 삼는 경우가 많았고 혹은 야생에서 잡아 실험에 사용하기도 했습니다. 하지만 최근에는 실험 목적에 맞게 특정 자극이나 질병에 쉽게 반응하도록, 유전자가 조작된 상태로 태어난 동물을 실험에 활용하는 경우도 많아졌습니다.

한편 실험에 이용되는 동물의 개체수가 세계적으로 얼마나 되는지는 정확하게 밝혀진 게 없습니다. 미국 농무부는 세계에서 실험 대상 동물의 수가 한 해 1억 마리가 넘을 것으로 추정했습니다. 동물실험에 반대하는 단체에서는 해마다 약 2억5000만 마리의 동물들이 희생당하고 있다고 주장하기도 하지요.

한국에서도 동물실험이 빈번하게 이뤄지고 있습니다. 농림축산검역본부가 국내 동물실험 실태를 조사한 결과, 실험동물의 수가 꾸준히 증가하여 2017년에는 총 308만2259마리가 사용되었다고 합니다. 하루 평균 8400여 마리의 동물이 실험 대상이 되고 있는 것입니다.

이렇게 오늘날 동물실험은 흔한 일이 되었습니다. 그렇지만 동시에 동물실험에 대한 찬반 논쟁도 뜨겁습니다. 그것이 비윤리적이고 불필요하다는 비판이 끊이지 않습니다.

동물실험에 대한 격정적인 논란은 19세기에 이르러 본격적으로 일어났습니다. 19세기는 무엇이든지 인간의 삶에 도움이 되면 좋게 받아들여지던 실용학문의 시기였기에, 동물도 자연의 지배자인 인간을 위해 사용되는 것이 당연하다고 여겨져 동물실험이 크게 확대되었습니다.

현대 실험 생리학의 창시자로 불리는 프랑스의 생리학자 클로드 버나드는 생리학과 의학이 진정한 과학이 되려면 가설의 검증이 필수적이고, 그 검증은 엄격하고 통제된 동물실험에 기초를 두어야 한다고 주장하며 동물실험을 적극적으로 독려했습니다.

하지만 그의 아내인 마리 프란시스 마틴은 열성적으로 동물실험에 반대했습니다. 버나드와 결별을 선언한 후 그녀는 1883년 파리에서 최초로 동물실험 반대 단체인 '동물생체해부 반대 협회'를 설립했습니다. 진화론으로 유명한 찰스 다윈도 동물실험에 반대했던 것으로 알려져 있습니다. 그는 1876년에 동물실험을 규제하는 법이 처음 만들어지는 데도 주도적인 역할을 했습니다.

20세기에 들어 동물실험 반대 운동은 철학적으로 무장하기 시작했습니다. 여기에 가장 큰 영향력을 끼친 인물은 피터 싱어입니다. 그는 『동물해방』이라는 책을 통해 동물 역시 인간과 마찬가지로 고통을 겪기 때문에 똑같이 윤리적 고려의 대상이 되어야 하며, 동물에 대한 어떠한 차별에도 반대한다는 논리를 펼쳤습니다. 톰 레건은 여기서 한발 더 나아가 『동물권의 옹호』라는 책을 통해 동물의 권리를 적극 옹호하며 동물의 권리 보호가 인간의 의무라고 주장했습니다. 이러한 동물실험 반대론은 무분별하게 진행돼온 동물실험에 대해 새로운 윤리를 세울 것을 요구하고 있습니다.

그러나 동물실험 반대론은 또 다른 반론과 마주하게 됩니다. 반론을 펼치는 사람들은 동물이 인간과 동일한 권리의 주체가 될 수 있는지에 의문을 가지며, 무엇보다 현대 의학 연구의 성과를 볼 때 동물실험이 인류에게 주는 효과 역시 결코 무시할 수 없다고 주장합니다. 이러한 현실적 필요성도 분명히 존재합니다.

그렇다면 여러분의 생각은 어떤가요? 동물실험은 현실적 필요 때문에 계속되어야 하는 것일까요, 아니면 비인간적이고 비윤리적인 행위이기에 중단되어야 할까요? 동물실험에 대한 각각의 주장을 좀 더 자세히 들여다보겠습니다.

과도한 동물학대

동물실험은 만능이 아니다

의학 분야에서 과학자들은 인간이 겪는 다양한 질병의 원인을 파악하고 치료약을 개발한다는 명분으로 동물실험을 해왔습니다. 의학 분야 이외의 다른 산업에서도 개발하려는 제품이 인간에게 해롭지 않은지 검증하기 위해 관행처럼 동물실험을 했지요. 하지만 동물실험에서 별 문제가 없었다고 해서 실험 결과를 절대적으로 신뢰할 수 없고, 사람에게 바로 적용해볼 수도 없습니다.

의약품의 개발 사례만 보더라도 그러한 문제점이 드러난 경우가 많습니다. 대표적인 사례로 1953년 독일에서 '탈리도마이드'라는 약이 불러일으킨 논란을 떠올릴 필요가 있습니다. 임산부가 복용하면 입덧을 덜 한다는 효능이 알려지면서 유럽은 물론 세계 50여 개 나라에서 이 약이 판매되었습니다. 특히 임신한 쥐·햄스터·개·고양이·닭·원숭이에 대한 실험에서 부작용이 나타나지 않았다는 점 때문에 이 약이 더욱 인기를 끌었습니다. 동물실험으로 안전성이 완전히 검증되었다고 여겼던 것이지요.

하지만 이 약은 역사상 최악의 부작용을 일으켰습니다. 이 약을 복용한 임산부들이 손이 얼굴에 붙거나 다리가 엉덩이에 붙은 기형아를 출산한 것입니다. 이 약으로 인해 독일에서만

5000여 명, 세계 50여 개 국가에서 1만2000명의 아이들이 기형아로 태어났습니다.

한편 지사제인 '클리오퀴놀'은 쥐·고양이·개 등을 대상으로 한 실험을 통과했지만 일본에서 이 약의 부작용으로 인해 1만 명이 시력상실과 마비 증상을 겪었으며, 수백 명이 사망했습니다. 관절염의 특효약으로 불리던 '오프렌'이란 약도 탈리도마이드의 비극을 재현했습니다. 오프렌은 시판되기 전에 동물실험을 모두 통과했지만 영국에서 61명이 사망하는 등 총 3500건의 부작용이 보고되었습니다.

위의 사례를 통해 볼 수 있듯이 동물실험을 통과했다고 해서 그것이 인간에게도 안전하다고 볼 수 없을 뿐 아니라, 그렇게 접근하는 방식 자체가 매우 위험한 재앙을 낳을 수 있습니다.

일반적으로 안전성이 검증된 의약품도 사람마다 체질이 다르기에 똑같이 처방되기 어렵습니다. 연령과 체중부터 시작해서 복용중인 다른 약, 만성질환 유무, 약물 알레르기, 유전적 특성 등의 차이에 따라 약에 대한 반응이 다르게 나타날 수 있지요.

하물며 사람과 동물은 엄연히 다른데, 동물실험을 통해 안전성이 검증되었다고 해서 그것이 곧 사람에게도 안전할 거라고 말할 수 있을까요? 동물실험에서 가장 많이 이용되는 설치류만 하더라도 생리학적으로 인간과 다릅니다. 그래서 약물에 대한 반응에서도 차이가 클 수밖에 없습니다.

이처럼 동물에게는 문제가 없는 물질이라도 인간에게 치명적일 수 있습니다. 동물실험에는 근본적인 한계가 있는 겁니다.

동물실험은 과학자들이 가장 중요하게 생각하는 과학적 검증에서 이미 근본적인 문제점을 갖고 있습니다. 그러면 동물실험을 맹신할 것이 아니라, 대안적 실험 및 연구방법을 찾아야 하는 게 마땅합니다. 그런데 동물실험은 오히려 더 늘어나고 있습니다. 의약품 개발뿐만 아니라 다양한 이유와 목적에서 동물실험이 일상적으로 시행되고 있는 게 현실입니다.

의미 없이 반복되는 동물실험

이런 상황을 보면 오늘날의 동물실험이 관성적으로 이루어지고 있는 건 아닌지 의문이 듭니다. 이러한 의심이 괜한 것이 아닙니다. 실제로 이미 유해성이 검증되어 동물실험을 하지 않아도 되는데 무분별하게 동물실험을 하는 경우가 많습니다.

흡연의 위험성을 알리려는 동물실험이 대표적인 사례이죠. 흡연과 폐암의 상관관계는 동물실험이 아닌 인간에 대한 임상 관찰 자료에 근거해서도 충분한 자료가 확보되어 있습니다. 숱한 공익광고에서 봤듯이, 담배를 많이 피면 폐암에 걸릴 확률이 높다는 건 여러분도 충분히 잘 알고 있을 겁니다. 그런데도 동물을 대상으로 흡연과 폐암의 상관관계를 밝히는 연구들이 지금도 세계 곳곳에서 시행되고 있습니다.

또 동물을 대상으로 한 자동차 배기가스 유해성 실험은 어떤 가요? 세계보건기구who가 이미 배기가스의 주요 물질인 질소 산화물이 기관지염이나 천식, 폐 기능 저하 등을 일으킬 수 있는 위험물질이라고 규정하고 있습니다. 그럼에도 최근까지 자동차 회사들은 동물을 대상으로 한 배기가스 유해성 실험을 멈추지 않고 있습니다.

이처럼 이미 누구나 알고 있는 사실을 재확인하는 것에 불과한데도 왜 연구자들은 동물실험을 계속하고 있는 것일까요? 혹시 이전 실험과는 다른 결과가 나올지도 몰라서? 하지만 매번 실험을 통해 검증해야 하는 것이라면 도대체 실험을 하는 의미가 무엇일까요? 몇 차례 실험을 해서 같은 결과를 얻었다면, 그후에는 실험을 생략하는 것이 현명한 태도일 겁니다. 그러면 그들은 무엇 때문에 특별히 유효하지도 않은 동물실험을 계속하고 있는 것일까요? 그들은 단지 관행적으로 동물실험을 하고 있는 것입니다. 과학자들은 "우린 항상 이런 식으로 연구해왔어요"라고 버릇처럼 말하고 있을 뿐입니다.

하지만 그런 관행과 습관 속에서 윤리적 문제의식이 무뎌진건 아닌지 돌이켜 볼 일입니다. 실상은 인간에게 별 도움도 되지 않는 실험으로 동물들만 괴롭히고 있는 건 아닌지 생각해봐야한다는 말입니다. 우리는 동물실험이 인간을 위한 것이라는 명분에 기대, 온갖 잔인한 동물실험을 무감각하게 받아들이고 있습니다. 불필요한 동물실험은 생명의 고귀함과 소중함에 대한 우리의 감수성을 둔감하게 만들고 있습니다.

동물실험은 인간을 비인간적으로 만든다

일찍이 동물실험의 역사는 인간의 잔인성을 증명해 보인 역사이기도 했습니다. 동물실험에서는 바이러스를 일부러 감염시키거나 발암물질을 투여하기도 하고, 질병의 원인이 되는 세포를 동물 몸에서 키우기도 하지요. 오늘날에는 유전자 연구가 발전하면서 척수를 고의로 끊고 줄기세포를 넣는 실험을 하는 경우도 있습니다. 그 모든 고통은 실험동물의 몫입니다.

최근 늘어나고 있는 유전자 이식 실험의 경우를 살펴봅시다. 미국의 농무성 연구센터는 한 동물 종에 다른 동물 종의 유전자를 이식하는 동물실험을 많이 하는 것으로 유명합니다. 여기서 실험의 목적은 동물의 성장 속도와 체중을 증가시키거나 지방을 감소시키는 방안을 찾아내 목축업자들의 이익을 증대시키는 데 있습니다. 예를 들어 닭의 유전자를 돼지의 배아에 삽입해 어깨살이 큰 근육질 돼지를 만드는 실험을 하는 식이지요. 돼지의 지방을 줄이고 살코기를 늘리려는 목적입니다. 봉준호 감독의 영화 〈옥자〉에는 인간의 식탐을 채우기 위해 만들어진 유전자 조작 슈퍼 돼지가 등장하는데, 이것이 영화 속의 일만은 아니었던 셈이지요.

그런데 이것에 만족하지 못했는지 미국 농무성 연구센터는 돼지 배아에 인간의 성장 호르몬 유전자를 이식하기도 했습니다. 이렇게 유전자 이식을 받은 돼지는 털이 과도하게 나고, 관절염에 걸리고, 사시에, 무기력한 모습을 보이는 경우가 많습니다. 실험동물은 실험 후유증으로 심각한 병에 걸리며 격심한 고통을 받고, 그 고통은 죽음에 이르러서야 끝나게 됩니다.

그뿐일까요? 마스카라·선탠오일·손톱광택제·헤어스프레이·샴푸·표백제·부동액·잉크·페인트 등 일상생활 용품의 실험에서는 더욱 잔인한 실험이 진행되고 있습니다. 대표적인 것이 화장품 회사들의 토끼 실험입니다.

화장품 회사들은 화장품이 눈에 들어갔을 때 눈을 자극하는 정도를 알기 위해 토끼의 목을 틀에 고정시키고 눈에다 화학물질을 몇 시간 간격으로 주입합니다. 토끼 눈에 3000번씩 마스카라를 바르기도 하지요. 그런데 사람과는 달리 토끼는 눈물샘이 없어서 이물질을 씻어낼 눈물이 분비되지 않습니다. 물론 연구자들은 이런 특성 때문에 토끼를 실험에 사용한다고 말하지요. 하지만 울지도 못하고 눈을 씻어낼 수도 없는 토끼가 느끼는 고통은 얼마나 클까요? 그래서 틀에 목이 낀 채로 눈이 타 들어가는 고통에 몸부림치다가 목뼈가 부러져 죽기도 합니다.

동물실험이 동물에게 상상하기 힘든 고통을 준다는 건 명약관화합니다. 누구라도 부정할 수 없는 사실이죠. 고통은 인간만

실험대 위에 오른 토끼들. 토끼는 눈을 깜박이지 않고 눈물을 흘리지 않아 눈 자극 실험에 많이 이용되어 왔다. 하지만 최근에는 유정란이 든 시험관에 약물을 떨어뜨리고 혈관의 반응을 관찰하는 대체 실험법이 개발되었으며, 인공 각막으로 실험하기도 한다. 동물실험을 하지 않은 화장품에는 토끼 모양을 한 '리핑 버니' 인증 마크가 붙는다.

이 느끼는 것이 아닙니다. 침팬지도, 개도, 돼지도, 쥐도, 온몸으로 자신들이 느끼는 고통을 표현합니다. 사람에 비해 지능이나 이성적 능력이 떨어지는 동물이지만, 그들도 기본적인 감정과 감성 능력을 지닌 또 다른 생명체입니다. 동물을 길러본 사람은 그들이 얼마큼 풍부한 감정을 가지고 있는지 알 것입니다. 그래서 동물을 일회용 물건처럼 함부로 다뤄서는 안 됩니다. 인간의 가장 고귀한 가치 중 하나는 타인의 고통을 공감하는 데 있음을 잊어서는 안 됩니다. 다른 동물의 고통에도 공감할 수 있을 때 우리는 진정 더 '인간다워'질 것입니다. 반면 동물을 한낱 소모

품으로 함부로 다루는 사람은 다른 인간도 그렇게 함부로 다루지 않을까요?

우리는 흔히 인간을 '만물의 영장'이라고 부르곤 합니다. 그런데 한 해에 1억 마리가 넘는 동물을 고통과 죽음으로 몰아넣는 일이 인간의 그런 지위에 어울리는 행동이라고 볼 수 있을까요? 인간이 정말로 만물의 영장이라면, 다른 동물들 역시 행복하고 고통 없이 살 수 있도록 배려해야 할 겁니다. 인간의 고귀한 지위만큼 그에 따른 행동도 높고 엄숙할 때, 인간의 존엄성은 더욱 빛날 것입니다. 하지만 동물실험을 보면 인간의 잔인함에 질려, 인간의 고귀함을 알기는커녕 인간에 대한 환멸을 느끼게 됩니다.

물론 동물실험을 중단하면 잃는 것이 많다고 말하는 사람들도 있습니다. 하지만 동물실험 중단은 동물을 위한 것이기도 하지만 궁극적으로 인간을 위한 것입니다. 동물실험의 잔인함을 되새기고 반성하다 보면 불필요한 고통을 줄여야 한다는 생각을 공유하게 됩니다. 고통 없는 세상의 가치를 알게 되는 것이지요.

동물에 대한 차별을 반대하게 되면 모든 차별은 사라져야 한다는 인식도 강화될 것입니다. 동물도 차별해서는 안 되는데 하물며 인간을 차별하는 건 말도 안 되겠지요. 동물의 권리를 존중하는 이는, 인종·피부색·성·외모 등 어떠한 이유에서도 다른 사람을 차별해서는 안 된다는 생각을 갖게 될 것입니다. 동물의 고통 또한 끌어안을 때 우리는 다른 사람의 고통을 더 잘 공감할 수 있게 되는 거지요.

결국 동물실험을 중단함으로써 우리는 인간다움을 얻게 될 것입니다. 기본적 권리를 동물에게까지 확대하고, 그들도 우리의 이웃으로 아우를 수 있다면 인간은 대단한 포용력을 지닌 존엄한 존재라는 게 더욱 분명해지겠지요. 동물의 처우를 개선하여 그 지위를 올려놓으면, 인간의 지위는 한 단계 더 높아질 것입니다.

 ## 인간을 위한 필요악

왜 동물실험이 필요한가

동물실험의 목적은 분명합니다. 일부러 동물을 죽이거나 괴롭히려는 목적으로 하는 경우는 없습니다. 그것은 사이코패스나 할 일이겠지요. 동물실험은 인간의 안전과 건강이 우려되는 상황에서 미리 검증을 하기 위해서 하는 것입니다. 동물실험을 많이 하는 분야는 의학·약학·생물학 등으로 의약품이나 식품의 안전성 평가를 위해 동물실험을 합니다. 즉 인간의 복지를 증진할 목적으로 동물들이 실험에 이용되고 있는 것이지요.

여러분이 의사라면 새로운 의약품이 안전한지 모르는 상태에서 사람에게 바로 쓸 수가 있겠나요? 만약 그렇게 하면 오히려 사람의 건강을 해치거나 죽음에 이르게 할 수도 있습니다. 인체에 직접 닿는 화장품이나 세제류도 나쁜 부작용을 일으킬 수 있습니다. 그런 위험을 막기 위해 사람 대신 동물에게 먼저 실험을 해보는 것입니다. 동물에게는 잔혹한 일이겠지만, 인간의 안전을 위해서는 불가피한 일이지요.

동물실험은 의학의 발전에 중요한 역할을 했습니다. 일찍이 아리스토텔레스는 여러 동물을 해부하여, 동물의 여러 장기와 기관이 어떤 기능을 하는지 알아냈습니다. 그를 통해 인체에 대한 이해를 키울 수 있었죠. 이렇듯 해부학적 구조를 이해하기 위한 것에서부터 시작해서 장기이식 기술을 개발하는 데까지 동물실험은 매우 중요한 역할을 했습니다. 무엇보다 우리가 일상적으로 사용하는 많은 의약품이 동물실험을 거쳐 완성된 것들입니다. 전염병 예방 백신이 개발될 수 있었던 것도 동물에게 세균을 감염시키는 실험을 거듭한 덕분이었으며, 그 백신 하나가 살린 인간의 목숨만 해도 셀 수 없이 많습니다. 이런 사례는 지난 역사 속에서 흔히 찾아볼 수 있습니다.

세균학의 아버지라 불리는 루이 파스퇴르는 여러 동물실험을 통해서 백신에 대한 연구를 크게 진전시킬 수 있었습니다. 그가 살던 19세기 말 프랑스에서는 가축 전염병인 탄저병으로 해

하나의 백신을 개발하는 데는 많은 동물실험이 필요하다. 루이 파스퇴르는 토끼를 광견병에 감염시키고 서, 병든 토끼의 척수를 건조시키고 멸균 처리해 독성을 약화시키는 방식으로 광견병 백신을 만들었다. 백 신으로서 적당한 정도의 독성을 가지게 하기까지 많은 토끼들이 희생되었지만, 결국 그는 개는 물론 인간 에게도 효과가 있는 백신을 만들어낼 수 있었다.

마다 수없이 많은 가축이 죽었습니다. 1881년 루이 파스퇴르는 양을 대상으로 백신 실험에 나섭니다. 그는 60마리의 양 가운데 일부 양에 탄저균 백신을 예방접종시키고 나서 탄저균을 감염 시켰습니다. 다른 실험군의 양에는 예방접종 없이 탄저균을 감염시켰죠. 그러자 예방접종을 하지 않은 양은 모두 죽었지만 예방접종을 한 양은 모두 살아남았습니다. 백신의 효능이 증명된 순간이었죠. 파스퇴르의 동물실험 덕분에 세균학은 비약적으로 발전했고, 많은 전염병을 예방할 수 있었습니다.

또한 프레더릭 벤팅과 찰스 베스트가 1922년 개에서 추출한 인슐린은 당뇨병 치료에 획기적인 기여를 했습니다. 그들은 개의 췌장관을 졸라매고 추출물을 빼내어 당뇨병을 앓는 개에게 주사하는 실험을 되풀이했습니다. 91마리의 개가 실험에 사용될 때까지 그들은 아무런 결과도 얻지 못했습니다. 하지만 92마리째의 실험에서 비로소 혈당치가 떨어지는 효과를 확인하여 당뇨병 치료의 발판이 마련되었지요. 만일 많은 동물이 희생되었음에도 뚜렷한 성과가 없었다는 비판에 굴복해 91번째 동물실험에서 연구를 중단했더라면 결코 오랫동안 불치병으로 여겨지던 당뇨병에 대한 치료의 길이 열릴 수 없었을 것입니다.

세균 감염을 막는 항생제 페니실린의 개발도 동물실험과 관련되어 있습니다. 페니실린의 등장으로 인류의 평균수명이 30세 가까이 늘었으며, 페니실린이 없었다면 현재 인구 수가 절반밖에 안 됐을 것이라고도 하지요. 그만큼 페니실린은 인류의 건강을 획기적으로 개선시켰습니다. 페니실린은 1929년에 알렉산더 플레밍이 처음 발견했는데, 이후 동물실험에서는 실망스러운 결과가 거듭 나왔습니다. 항균력이 지속되지 못했던 것입니다. 동물실험 반대론자의 입장을 따른다면 이 결과만으로 의약품 개발이 즉각 중단되었을지 모릅니다. 하지만 동물실험은 계속 이어졌습니다. 1940년 하워드 플로리와 에른스트 체인은 생쥐를 이용한 실험에서 효능을 확인하고 인간을 치료하는 데 이용하여 결국 페니실린의 효과를 입증했습니다. 그 덕분에 페니실린이 대량생산되어 오늘날 많은 사람이 큰 혜택을 누릴 수 있게 된 것입니다.

이처럼 동물실험이 없었으면 지금만큼의 의학 발전도 이루지 못했을 것입니다. 지금 인류가 누리는 건강과 복지의 혜택은 동물의 희생을 통해 얻은 것이라는 이야기죠. 동물실험에 반대하는 사람도 그 혜택을 받으며 살아가고 있습니다. 비록 동물실험이 모든 사람이 기대하는 만큼의 충분한 효과를 거두지 못할지라도 유용한 것은 사실입니다. 그렇다면 동물실험의 가치는 여전히 사라지지 않는다고 말할 수 있을 것입니다. 무조건적으로 동물실험을 반대하는 것은 오히려 부적절할 수 있습니다.

제대로 안 해서 더 문제

단지 의약품 개발만이 아니라 인체에 영향을 끼칠 수 있는 제품이라면 그것이 무엇이든 안전성 검사를 위해서 동물실험이 필요합니다. 이들 제품이 직접적으로 인간의 생명과 관계된 것은 아니지만, 때로는 치명적인 영향을 끼칠 수 있습니다.

일상 생활용품에 대해 동물실험을 통한 안전성 검증이 왜 필수적인지 잘 알려준 사건이 근래에 있었습니다. 바로 2011년 한국에서 일어난 가습기 살균제 사건입니다. 옥시사를 비롯한 몇몇 기업이 가습기 살균제에 첨가시킨 화학성분이 문제였습니다. 그 가습기 살균제를 사용한 사람들은 폐가 뻣뻣하게 굳어가는 폐섬유화 증세를 보였습니다. 검찰 조사에 따르면, 피해자가 모두 221명이며 그중 사망자 92명이었습니다. 끔찍하게도 환자의 대부분은 임산부와 영유아였죠. 해당 가습기 살균제는 연간 60만 개가 판매되었고, 잠재적 피해 대상자가 약 800만 명을 넘어설 것이라는 주장도 있는 등 피해 규모는 더 클 수도 있습니다.

정부는 문제가 불거지자 역학조사와 동물실험을 실시했습니다. 질병관리본부는 가습기를 통해서 해당 가습기 살균제를 동물에 흡입시킨 결과, 가습기 살균제를 반복 흡입할 때 폐섬유화 현상이 나타날 수 있다는 결론을 내렸습니다. 2012년 2월 정부는 가습기 살균제와 폐 손상과의 인과 관계를 최종 확인했으며 해당 제품에 대해 즉시 수거명령을 내렸습니다.

이런 상황의 전개를 보면서 정부의 동물실험을 비난할 사람이 있을지 의문입니다. 동물실험에 반대하는 사람들도 이 실험만큼은 비난할 수 없을 겁니다. 하지만 정부의 동물실험을 비판하고 나선 이들이 있었습니다. 누구였을까요? 바로 가습기 살균제를 제조 판매한 옥시사였습니다. 동물실험에 참여한 전문가들은 실험 과정에 큰 문제가 없다고 했지만, 옥시사는 질병관리본부의 실험은 동물을 대상으로 한 것이라 인체 유해성을 단언하기 어렵다고 반박한 것이지요.

만일 동물실험을 하지 않았더라면, 혹은 옥시사의 주장대로 동물을 대상으로 한 것이니까 그 결과를 신뢰하지 않았더라면 어떻게 됐을까요? 위험성은 제대로 알려지지 않고 문제의 제품이 대형마트 진열대에서 버젓이 판매되면서 사상자가 상상을 초월할 수 없을 만큼 더 늘어났을지도 모릅니다. 동물실험을 통해 유해성을 입증했기에 뒤늦게나마 정부가 가습기 살균제의 판매를 중단시킬 수 있었던 거지요.

이처럼 일상생활에서 사용되는 제품의 유해성이 밝혀지지 않은 채 시판되면 그 피해는 고스란히 인간에게 되돌아옵니다. 따라서 더 신중하고 다양하게, 그리고 오랜 기간 동안 동물실험을 함으로써 화합물의 안전성을 검증해야 합니다.

이런 맥락에서 동물실험의 무용성을 말할 때 흔히 언급되는 탈리도마이드 사고도 조금 다른 시각으로 접근해볼 필요가 있습니다. 이 비극적인 사고는 일부의 동물실험 결과에 도취돼 그것을 일반화시킨 게 문제였습니다. 의약품의 효능과 독성이 대상에 따라 다르게 나타날 수 있다는 점을 간과한 것이지요. 따라서 탈리도마이드 사고가 우리에게 주는 시사점은 동물실험이 실효성이 없으니 동물실험을 하지 말아야 한다는 게 아닙니다. 오히려 우리가 안전성을 확신할 수 있을 때까지 더 많은 실험으로 철저히 검증해야 한다는 교훈을 주고 있지요.

동물실험이 보다 믿을 만한 결과를 얻기 위해서는 실험동물의 대상을 넓혀볼 필요도 있습니다. 동물실험에서는 쥐를 많이 활용합니다. 다루기 쉽고, 세대가 짧으며, 유전적 조작이 쉽기 때문입니다. 또한 사람의 유전자와 97%가 같아 비슷한 반응을 기대할 수 있습니다. 하지만 좀 더 정확한 결과를 위해서라면 여러 종류의 동물들을 대상으로 실험해봐야 합니다. 각 종들마다 생리적 반응이 다를 수 있으니까요. 정말 중요한 실험에서는 인간과 유전적으로 가장 유사한 침팬지를 사용하는 것이 좋겠죠. 요컨대 동물실험에 한계가 있는 건 사실이지만, 그 한계는 더 다양하고 신중한 실험으로 극복해야 하는 것이지 동물실험을 중단하는 식으로 회피해서는 안 된다는 것입니다.

인간의 생명은 가장 소중한 가치다

물론 동물실험을 대체할 수 있는 방법들을 개발하는 것은 의미 있는 일입니다. 배아세포나 인공적으로 만든 조직에 실험한다거나 컴퓨터를 이용한 시뮬레이션으로 실험을 대체하는 것도 유용한 면이 있습니다. 시간과 돈이 많이 들어가는 동물실험을 보완할 수 있고, 또 다양한 방식으로 검증하면 결과의 오류를 최대한 줄일 수 있으니까요.

하지만 컴퓨터 시뮬레이션이 특정 화학물질의 효과를 완벽하게 재현하는 건 쉽지 않습니다. 배아세포를 통한 실험도 세포가 생명체의 몸 안에서 어떠한 역할을 할지 예측하기 어려워 완전한 대안이라고 보기 힘듭니다. 최근 제기되고 있는 어떤 대안적인 검증 방식도, 살아 있는 동물을 대상으로 실험하여 최종적으로 재확인하지 않으면 불안할 수밖에 없습니다.

물론 동물실험이 의약품이나 생활용품의 유해성을 시험할 유일한 방법은 아닙니다. 하지만 가장 확실하고 유용한 방안이지요. 이제까지 동물실험이 과학과 의학의 발전에 공헌해온 것을 인정한다면, 앞으로도 동물실험은 계속되어야 할 것입니다. 그것이 인류의 건강과 복지를 향상시키는 길입니다.

따라서 동물실험은 선택이 아니라 의무여야 합니다. 사람의 건강에 직접적인 영향을 미치는 의약품이나 화장품·생필품 등은 사람에게 적용하기 전에 의무적으로 동물실험을 거쳐야 합니다. 그 결과 안전하다고 나왔을 때만 판매를 허가해야겠지요.

동물보호단체 쪽에서는 동물실험이 비윤리적이라며 문제를 제기하고 있지만, 무엇이 진정한 윤리인지 되묻지 않을 수 없습니다. 과연 인간을 위한 실험이 비윤리적인가요? 아니지요. 동물보다는 인간을 중요시하는 것이 진정 윤리적인 것입니다.

반대로 동물실험을 하지 않아 수많은 동물들을 고통에서 건져내는 대신 제품의 부작용으로 인간이 목숨을 잃거나 고통을 겪게 된다면, 그것은 윤리적인 행위일까요? 동물실험의 중단은 의학의 발전과 질병 치료제의 개발을 포기하는 것과 같습니다. 인간의 생명과 안전에 관한 문제를 외면하는 윤리는 성립하기 어렵습니다. 동물에게도 물론 생명의 권리가 있긴 하겠지만, 사람의 생명을 보호해야 한다는 거야말로 최우선적인 윤리적 명령입니다.

우리는 처음 동물실험을 시작한 동기였던 인간 생명 보호라는 가치를 잊어서는 안 됩니다. 윤리에도 우선순위가 있기 마련입니다. 동물의 생명을 위해 인간의 생명이 등한시되어서는 안 된다는 이야기죠.

요컨대 윤리와 도덕의 기준은 인간이어야 합니다. 윤리에 관한한 동물은 인간과 동등하지 않습니다. 생명을 가진 것은 모두 존엄하다고 말하며 동물과 인간의 생명을 동등하게 취급하면, 윤리적 잣대는 모호해지고 인간을 위한 윤리는 훼손될 수 있습니다. 동물의 지위와 존엄성은 결코 인간과 같지 않습니다. 인간 생명의 가치는 다른 어떤 것과도 비교할 수 없다는 사실을 우리는 잊어서는 안 됩니다.

✚ 생각 플러스 ✚

동물실험 논쟁은 윤리적 감수성과 현실적 유용성의 대립으로 지속되어왔습니다. 한쪽에서는 동물보호론자와 시민단체들이, 다른 한쪽에서는 기업이나 연구자들이 한 치도 물러서지 않았죠. 하지만 동물실험에 대한 다양한 논쟁과 성찰 속에서 작은 합의점을 마련하기도 했습니다.

1954년 영국의 동물학자 윌리엄 러셀과 미생물학자 렉스 버치는 『인도적인 실험 기술의 원칙』이라는 책에서 실험동물의 고통과 연구자의 도덕적이고 윤리적인 의무를 언급했습니다. 러셀과 버치는 이 책을 통해 동물실험에서의 '3R 원칙'을 제안했습니다. 3R 원칙이란 '개선Refinement' '감소Reduction' '대체Replacement'를 가리킵니다. 즉 실험이 덜 고통스럽도록 개선하고, 불필요한 실험은 줄여서 사용되는 동물의 수를 감소시키고, 궁극적으로는 동물실험을 대체할 다른 방법을 모색해야 한다는 것이지요. 이들의 노력 덕분에 1985년 세계보건기구는 '동물실험윤리위원회'를 설치하고 동물실험에 대한 '3R 원칙'을 적용하도록 지침을 마련해 각국에 통보하기에 이르렀습니다.

그런데 동물실험과 비슷한 맥락에서 동물의 생명권을 놓고 판단이 어려운 경우가 있습니다. 인간에게 큰 피해를 주는 전염병이 특정 동물의 바이러스에서 비롯되는 상황을 생각해봅시다. 그리고 그 전염병이 유래 없이 매우 빠르게 확산되어 인간에게도 영향을 미치고 있으면 어떻게 해야 할까요?

정부의 전통적인 대응은 그 동물들을 대량으로 살처분하는 것이었습니다. 이것은 동물실험과 비교해 정당할지 어떨지 생각해봤으면 합니다. 구제역이나 조류독감으로 수백만 마리의 가축들이 살처분당하는 일이 여러 번 반복돼왔습니다. 일부 동물보호단체는 살처분이 비윤리적이라고 비판하기도 합니다. 그야말로 대량학살에 가까운 행위니까요.

전염병 예방을 위한 살처분이 문제라면 이 가축들을 살려주되 식용으로는 판매하지 않고 실험대상으로 활용하는 것은 어떨까요? 병든 가축이라 정상적인 동물을 실험하는 것보다 나은 선택일까요? 다른 실험이 아니라 해당 전염병과 직접 관련된 실험을 하기 위해 사용하는 것은 또 어떨까요? 그때는 더 괜찮을까요? 아니면 살처분이나 동물실험 자체가 비윤리적이기 때문에 아무것도 하지 말아야 할까요?

한편 치열한 동물실험 논쟁 뒤에는 논리적 딜레마가 자리 잡고 있습니다. 동물실험을 반대하는 사람들은 인간과 동물이 달라 동물실험에서 안전하다고 판단된 의약품도 인간에게는 해로울 수 있다고 합니다. 동시에 인간이나 동물이나 고통을 느끼는 정도는 같다고 봅니다. 반면에 동물실험을 옹호하는 사람들은 동물에 무해하다고 판단된 의약품은 인간에게 투입되어도 안전한 것으로 여길 수 있다고 합니다. 그렇지만 동물을 인간과 동일하게 존중할 대상으로 여기지는 않습니다.

이처럼 지구상에서 함께 존재하고 있는 인간과 동물의 관계를 어떻게 만들어가야 할까요?

동물에게 도덕적 권리를 인정하면 모든 동물실험은 중단되어야 할지도 모르겠습니다. 그런데 더 나아가 동물권이 존중되는 사회에서는 인간 삶의 근원적인 변화가 일어나야 한다는 주장도 힘을 얻을 수 있습니다. 그래서 정말 동물의 권리를 생각한다면 육식마저 포기하고 채식주의자가 되어야 한다는 주장도 함께 나올 수 있습니다.

그러면 여러분은 채식주의자가 되어야 한다는 주장에 선뜻 동의할 수 있나요? 채식주의자는 될 수 없지만 동물실험은 반대한다고 말할 수 있을까요? 동물실험과 채식주의는 대립하는지 아니면 양립할 수 있는 것인지도 중요한 논쟁 사안이 될 수 있습니다.

나아가 동물의 고통을 문제 삼는다면 왜 식물의 고통은 고려하지 않는지 대답할 수 있을까요? 식물의 고통은 고려할 필요가 없다고 주장한다면 그 근거는 무엇인가요? 반대로 식물의 고통을 고려할 필요가 없다면, 동물의 고통은 왜 고려하는 건가요? 동물과 식물을 구분지어 생각해 봐야 한다면 왜 그럴까요? 이것은 인간과 동물을 구분지어 생각하는 것과 어떻게 같거나 다를까요?

자율주행차의 윤리적 딜레마

인명을 중시하는 윤리적 시스템 VS 기계에 인간을 맡기는 무책임

요즘 학생들은 잘 모르겠지만, 1980년대 안방극장을 휩쓸었던 〈전격 Z작전〉이라는 드라마가 있습니다. 그 드라마에서는 인공지능 자동차 '키트'가 등장합니다. 키트는 특수 방탄 소재로 만들어진 최첨단 자동차입니다. 스스로 운전을 할 수 있고 운전자와 대화도 합니다. 키트는 주인공 마이클의 목소리에만 복종하도록 설계되어 있습니다. 마이클이 전자손목시계에 대고 "가자, 키트!" "키트, 도와줘!"라고 말하면 키트가 바로 달려오지요. 이런 키트를 실제로도 볼 수 있는 날이 머지않아 올 것으로 보입니다. 오늘날 자율주행차를 보면 키트가 바로 떠오릅니다.

자율주행차는 운전자가 운전대를 잡지 않고도 스스로 운행이 가능한 자동차입니다. 특수 센서로 주변 물체를 감지할 수 있으며, 도로 및 교통 상황을 스스로 파악할 수 있습니다. 다른 자동차나 물체와의 거리를 측정하여 속도를 조절할 수도 있지요. 도로에 자동차가 많아지면 서행하고, 앞선 차가 멈추면 자동으로 멈춥니다. 자동차 앞에 장애물이 있으면 장애물을 피해 운행할 수도 있지요.

그런데 자율주행차에 대한 정의는 조금 복잡합니다. 자동차가 스스로 수행할 조작의 복잡성과 운전자가 관여하는 정도에 따라 자율주행 단계가 구분됩니다. 자율주행 단계의 구분은 제조사마다 조금씩 다르지만 대체로 미국 자동차기술학회SAE가 나눈 5단계를 따르는 것이 일반적입니다.

자율주행기능이 전혀 없는 자동차를 0단계로 보면, 차선 이탈 경보 장치와 긴급 제동 장치가 있어 운전자의 운전을 보조해주는 것이 1단계이고 차선을 벗어나지 않도록 자동차가 스스로 핸들을 움직이고 앞 차와의 간격을 고려해 속도를 조절할 수 있는 게 2단계입니다.

3단계부터는 운행의 중심이 운전자에서 컴퓨터 시스템으로 넘어갑니다. 일반적으로 3단계부터 자율주행차라고 부를 수 있지요. 3단계에서는 자동차가 스스로 장애물을 감지해 피해갈 수 있으며, 운전자는 주변 상황에 크게 신경 쓰지 않아도 됩니다. 하지만 특정한 위험 상황에서 자동차가 수동 운전을 요청할 경우 운전자는 최종 책임을 지고 운전대를 다시 잡아야 하기 때문에 '조건부 자율주행 단계'라고 합니다.

4단계는 운전자의 개입 없이도 자동차 스스로 속도를 줄이고 갓길에 정차하는 등의 제어가 가능한 수준입니다. 만일에 대비해 인간 운전자가 운전석에 앉아 있어야겠지만, 자동차 스스로 모든 것을 판단하는 만큼, 시스템 운영 프로그램이 매우 중요한 '고도 자율주행 단계'로 볼 수 있습니다.

마지막으로 5단계는 인간의 개입이 전혀 필요 없는 '완전 자율주행 단계'를 의미합니다. 탑승자가 컴퓨터 시스템에 목적지만 입력하면 자동으로 이동하는 형태입니다. 완전 자율주행 단계에서는 운전대와 페달이 아예 사라질 수 있습니다. '운전자'라는 개념은 없어지고 '탑승자'만 남는 것이죠. 이때에는 운전자가 없는 자동차, 즉 바퀴 달린 컴퓨터가 도로를 질주하게 됩니다.

이와 같은 자율주행차의 기술 수준을 더 빨리 높이려는 산업계의 경쟁이 치열합니다. BMW·벤츠·도요타·현대 등 전통적인 자동차 회사들뿐만 아니라 구글과 애플 같은 세계적인 IT 기업, 그리고 여기에 전기자동차를 개발하는 테슬라와 스마트폰 기반 교통 서비스 사업을 벌이는 우버가 뛰어들어 자율주행 기술 개발에 온 힘을 쏟고 있습니다. 자율주행 기술을 연구하는 기업들은 2020년 이후 자율주행 4단계를 만족하는 자동차가 개발될 수 있도록 박차를 가하고 있습니다. 물론 최종 목표는 완전 자율주행 단계인 5단계에 이르는 것이죠.

그런데 최근 자율주행차를 시범 운행하는 도중, 사고가 잇따르고 있습니다. 2016년 5월 7일 조건부 자율주행 단계를 시험해보던 테슬라의 모델S 차량이 사고를 내 운전자가 사망한 사고가 있었습니다. 자율주행모드에서 미국 플로리다의 고속도로를 달리다 앞에 있던 대형 트레일러와 충돌했던 것이죠. 조사 결과 모델S의 카메라와 센서가 트레일러의 하얀색 탑재물을 하늘로 오인해 속도를 줄이지 않은 것으로 나타났습니다.

2018년 3월 18일에는 고도 자율주행 단계를 시험해보던 우버의 자율주행차가 사고를 내 보행자가 숨지는 사고도 발생했습니다. 미국 애리조나주 템피 시내의 한 교차로에서 보행자를 치어 숨지게 한 것이지요. 보도에 따르면, 자율주행차가 자율주행모드로 운행하는 도중 보행자가 쇼핑백을 가득 실은 자전거를 끌고 갑자기 도로로 튀어나오면서 자율주행차에 치였다고 합니다.

일반적으로 자율주행차는 '교통수단의 혁명'이라 불릴 만큼 인간이 운전하는 경우보다 교통사고의 위험성을 크게 줄일 것이라 기대되고 있지만, 사고가 잇따르자 논란이 일었습니다. 그러면서 과연 인간이 아예 배제되는 완전 자율주행차에 문제는 없는지 의문이 제기되고 있습니다.

한편으로는 자율주행차의 기술을 더 향상시키고, 적절한 우선순위를 정하여 인명을 최대한 많이 보호하는 쪽으로 자율주행 프로그램의 완성도를 높여야 한다는 주장이 있을 수 있습니다. 하지만 자율주행차가 인명을 보호하기보다는 사고 책임만 모호하게 만들고, 인명을 기계에 맡기는 무책임한 처사가 될 거라는 비판도 있지요.

요컨대 완전 자율주행차가 인명의 안전을 중시하고 윤리적 딜레마 앞에서도 그 목적을 달성할 수 있는 혁신적 시도라고 보는 입장과, 인간이 사고에 대한 책임을 기계에 넘기는 무책임한 설계에 불과하다는 입장이 맞설 수 있습니다.

이 논의가 의미 있는 이유는 자율주행차 기술이 아직 완전 자율주행 단계에는 이르지 않았기 때문입니다. 그리고 앞으로 해악을 끼칠 것으로 판단되는 경우 이에 대비하여 개선할 기회가 아직 남아 있기 때문이기도 합니다. 그러면 여러분은 어떻게 생각하나요? 자율주행차를 어느 정도까지, 어떻게 발전시켜야 할까요?

 ## 인명을 중시하는 윤리적 시스템

안전을 보장할 수 없는 인간의 운전

우리는 흔히 자율주행차를 편리함의 측면에서만 생각합니다. 직접 핸들을 잡지도, 엑셀과 브레이크를 밟지 않아도 알아서 목적지까지 간다니 얼마나 편할까요? 완전 자율주행차가 상용화되면 운전면허를 힘들여 따지 않아도 될지도 모르겠네요. 그런데 자율주행차는 편리함이라는 장점만 있는 게 아닙니다. 더 안전하기까지 하지요.

의외라고 생각할지도 모르겠습니다. 실제로 여론조사를 해보면, 응답자의 약 50%가 자율주행차는 안전하지 않다고 답했다고도 하고요. 아무래도 기계에게 운전을 맡긴다는 게 불안한가 봅니다.

하지만 지금 교통사고의 대부분은 운전자의 운전 미숙이나 실수 또는 과신 때문에 일어납니다. 거의 매일 뉴스로 접하게 되는 음주운전이나 졸음운전 등의 사고 소식만 봐도 알 수 있죠. 실제로 지난 10년간 고속도로 교통사고 발생 원인 1위는 졸음운전이고 그 뒤를 과속, 주시태만, 운전자 기타 요인이 잇고 있습니다. 사실 인간의 운전 실력을 믿기가 힘든 거지요. 반면에 자율주행차는 방심이나 실수를 하지 않고, 교통 신호를 무시하지도 않을 겁니다. 인간의 안전을 최우선으로 운전하겠지요.

고령 운전자가 늘어나고 있는 상황에서 자율주행차는 그에 대한 해결책으로도 주목받고 있습니다. 일본에서는 고령자의 운전으로 인한 사고가 빈번하게 발생하여 사회문제가 되고 있습니다. 이것은 한국도 예외가 아니지요. 도로교통공단의 조사에 따르면, 2001년 3759건에 불과했던 고령 운전자 사고가 2017년에는 2만6713건으로 7배 이상 증가했습니다. 연간 전체 교통사고 발생건수는 큰 변화가 없는 것과 비교해보면 고령 운전자 교통사고의 급증 추세는 특히 눈에 띕니다.

앞으로 한국 사회는 고령자가 더 많이 증가할 것으로 보입니다. 그러면 고령 운전자의 교통사고도 더 증가하겠지요. 이에 대한 해결책이 다양하게 모색되고 있지만, 고령 운전자에게 면허를 반납하도록 권유하고 대중교통을 이용하게 하거나 다른 교통수단을 제공하는 조치들은 근본적인 대책이 될 수 없습니다. 자율주행차는 노령자나 장애인을 위해서도 교통 수단의 혁신이 되어줄 겁니다.

안전성과 교통사고의 책임 문제를 언급하며, 완전 자율주행 단계보다는 운전자가 개입하는 단계에서 자율주행차 개발을 멈춰야 한다는 반론도 제기되고 있습니다. 하지만 교통사고의 책임은 운전자에게 있는 경우가 많으므로 조건부 자율주행 단계에 머무르면 교통사고를 충분히 예방할 수 없습니다.

이를테면 조건부 자율주행 단계에서 운전자가 갑작스러운 사고에 앞서 운전대를 넘겨받는다면 어느 누가 그 사고에 대응할 수 있겠습니까? 운전자가 운전대를 넘겨받기 전에 적응 시간이 필요하지만 위험한 상황은 갑자기 닥쳐오는 것이기에 늘 충분한 적응 시간을 가질 수는 없습니다. 위험 상황에서 운전대 통제권을 갑작스럽게 넘겨받으면 사고는 피할 수 없을 것입니다. 행여나 운전자가 잠시 자고 있거나, 스마트폰을 보거나, 공부를 하고 있었다면 사고 가능성은 더욱 클 것입니다. 운전자가 사고에 대비해 계속 긴장하고 있어야 한다고요? 그렇다면 대체 자율주행차가 왜 필요합니까?

윤리적인 자율주행 프로그램은 가능하다

운전자의 역할을 남겨두려는 건 사고가 났을 때 누군가 책임을 질 사람이 필요하다는 생각 때문입니다. 사실 완전 자율자동차 시대가 되면 교통사고로 인명 피해가 생겼을 때 누구에게 책임을 물어야 할지가 모호해지긴 합니다. 운전에 관여하지 않은 탑승자는 물론이고, 기기 고장이 아니라면 제조사에게 책임을 묻기도 힘들겠죠. 누구의 책임도 아닌 것으로 결론 날 수도 있는데, 전통적인 윤리 관념으로는 그게 잘 이해되지 않습니다. 그래서 우리는 완전 자율주행차라는 생각에 거부감을 갖는지도 모릅니다.

하지만 우리에게 긴급한 것은 그러한 책임 소재의 문제가 아닙니다. 인명 사고를 최소화하기 위한 실용적 방안이 필요하지요. 그래서 자율주행차를 개발하면서 가장 염두에 두어야 할 것은 책임이 아니라 안전이어야 합니다.

특히 우버 자율주행차가 시험운행에서 보행자를 치어 사망

자율주행차가 제대로 운행되기 위해서는 주변 사물을 감지하고, 각 사물에 어떻게 반응해 움직일지 결정하는 프로그램이 정착되어야 한다. 사람·동물·무생물을 각각 달리 평가해야 하며, 사고가 불가피한 경우는 피해가 최소화되도록 윤리적 선택을 할 수 있어야 한다.

에 이르게 한 사고는, 돌발 상황에 직면할 때 자율주행차가 어떻게 반응하도록 만들어야 하는가라는 과제를 우리에게 안겨주고 있습니다. 이것은 얼핏 기술력과 관련된 문제로 보이지만 그보다 더욱 본질적이고 중요한 문제는 완전 자율주행차의 프로그램을 인명 존중의 목적에 맞게 설정하는 문제일 것입니다. 예컨대 보행자를 피해서 가면 운전자가 죽고 그대로 가면 보행자가 죽는 상황에서, 완전 자율자동차가 어떻게 운행되도록 설계할지 정하는 건 어려운 윤리적 문제이지요. 하지만 인명을 중시하는 안전한 차량을 만드는 목적에 맞게 프로그램을 제작하는 것은 충분히 가능하고 그렇게 해야 합니다.

그것은 무엇이 정말 정의로운 것인지 다투는 철학적 논쟁으로는 영원히 답을 내릴 수 없습니다. 우리의 과제는 가장 완벽한 정의론을 세우는 게 아니라 인명을 최우선으로 중시하면서도 기술적으로 최대한 실현해낼 수 있는 혁신적 프로그램을 만드는 것입니다. 물론 여전히 자율주행차 프로그램이 인명 보호에 적합할지 의심하는 사람들도 있습니다.

물론 가장 문제가 될 수 있는 건 불가피한 사고 발생 상황에서 어떤 사람을 살릴 것인지 선택하는 문제일 것입니다. 그런데 이와 같은 윤리적 딜레마는 자율주행차 개발과 관련해서만 나타나는 게 아닙니다. 재난 구조 현장에서는 일상적으로 일어나는 일이지요.

재난 현장에서 구조대원들은 불가피하게 선택을 해야 할 때가 있습니다. 상황은 긴급하고 현재의 인력으로 구조를 해야 하기 때문이죠. 가장 중요한 건 최대한 많은 사람을 살려내는 일입니다. 무너진 건물 더미 아래에 누가 얼마나 갇혀 있는지 모르는 상황에서 제한된 구조 인력으로 최대한 많은 사람을 살리려면 구조 순위를 정하는 것은 불가피합니다. 가장 많은 사람이 있을 곳부터 수색하고 사람을 구조하기 마련입니다. 따라서 자율주행차의 사고 대응 프로그램도 보다 많은 인명을 살릴 수 있는 방향으로 설계해야 됩니다.

예컨대 오른쪽에는 다수의 보행자가 있고 왼쪽에는 한 명의 보행자가 있는 경우에 어느 한 쪽으로 차를 틀어야 한다면 다수의 생명을 살릴 수 있는 방향으로 가도록 프로그램을 설계해야 합니다. 만일 한 명의 탑승자와 다수의 보행자를 두고 선택해야 한다면 다수의 보행자를 보호하도록 설계되어야 합니다. 반면 한 명의 보행자와 다수의 탑승자라면 다수의 탑승자를 보호해야겠지요. 이와 같은 공리주의적 접근은 어떻게 사람의 생명을 숫자로 따져서 선택할 수 있느냐고 반문에 맞닥뜨릴 수도 있습니다. 하지만 비록 잔인하게 느껴질지라도, 이는 사람들이 긴급한 현실에서 하는 선택을 시스템에 옮겨놓은 것입니다. 사람을 보다 많이 구조하라는 명령어를 누가 비윤리적이라고 비난할 수 있을까요?

가장 어려운 문제는 희생되는 사람이 모두 한 명인 경우 누구를 우선해야 할 것인가의 문제입니다. 이때는 사회적 약자 보호 우선 원칙을 세워야 완전 자율주행차 프로그램이 인명을 존중하는 시스템으로 잘 정착될 수 있을 것으로 보입니다.

실제로 구조대원들도 인명구조에서 약자를 우선적으로 구조하도록 되어 있습니다. 구조 우선순위는 어린이→노인 및 장애인→여자→남자로 정해져 있죠. 완전 자율주행차도 같은 원리를 따를 수 있습니다.

구체적으로 차량 진행 방향에 보행자 한 명이 있고 다른 방향으로 운전대를 돌렸을 때에도 보행자 한 명이 있다면 보행자 가운데 사회적 약자로 볼 수 있는 사람을 먼저 보호해야 할 것입니다. 어른과 어린이가 있다면 어린이를 보호하기 위해 어른 쪽으로 운전대를 돌려야겠지요.

또한 기본적으로는 운전자보다는 보행자를 더 보호하도록 설계해야 할 것입니다. 자동차라는 쇳덩어리로 무장한 탑승자에 비해 보행자는 약자입니다. 보행자가 어린이가 아니라 어른이라고 하더라도 탑승자에 비해 약자입니다. 사고가 발생하면 탑승자는 에어백과 보조 안전장치로 보호받을 수도 있습니다. 하지만 보행자는 맨몸으로 사고를 당하게 되죠. 따라서 보행자를 보호하는 방식으로 프로그램을 제작함으로써 사회적 약자를 보호하려는 공동체 정신을 지킬 수 있습니다. 이 같은 제안은 일관되게 약자 보호를 중시하는 윤리의식에 바탕을 두고 있습니다.

완전 자율주행차가 위와 같은 프로그램으로 운행된다면 사람이 운전하는 것보다는 훨씬 많은 인명을 구할 수 있는 혁신적 시스템이 될 수 있을 것입니다. 자동차 운행을 기계에 넘겨준다는 우려로 지금의 기술 개발을 막기보다는 더욱 완전한 자율주행차를 만드는 것이야말로 인명을 존중할 줄 아는 자세라고 할 수 있습니다. 비록 인간의 도덕성을 하나의 모델로 만들 수 있느냐의 근본적인 반론도 제기될 수는 있겠지만, 이것 역시 자율주행 시스템만의 문제는 아닙니다. 앞서 제시했듯이 인명 구조에 나서는 구조대원도 고민해온 사안인 거죠.

따라서 원론적 수준의 논쟁으로 한 해 3000여 명의 교통사고 사망자가 나오는 걸 계속 지켜보기보다 기술을 더욱 발전시켜 인명을 보호하는 성과를 내는 것이 더 중요합니다. 완전 자율주행차 시스템이 안정적으로 정착될 수 있다면 더 이상 뉴스를 통해 운전자의 실수와 과오로 교통사고가 발생했다는 소식은 들리지 않을 겁니다. 앞으로 완전 자율주행차는 매년 수천 명, 세계적으로는 수십만 명의 목숨을 살려낼 것입니다. 그야말로 교통 시스템의 일대 혁신이 일어나는 것이지요.

기계에 인간을 맡기는 무책임

책임이 있어야 반성과 개선도 있다

사고는 예고 없이 찾아옵니다. 사고 발생이 우연이든 필연이든 그 사고를 확실하게 예측하는 것은 쉽지 않습니다. 아무리 과학 기술의 도움을 받아 사고를 예방하려고 해도 완전할 수는 없습니다. 그 또한 인간이 하는 일이기 때문이죠. 그래서 완전함을 달성할 수 있다는 오만함보다는 완전함을 추구하되 그에 미치지 못할 경우에 대비하는 겸손함이 필요합니다.

여기에 책임이 필요한 이유가 있습니다. 의도하지 않았더라도, 혹은 완전하게 예방했다고 확신이 들더라도 사고는 발생합니다. 그러니 중요한 것은 그 사고 발생 이후 재발을 막기 위한 노력이지요. 그런데 책임을 지는 사람이 없으면, 즉 잘못을 인정하는 사람이 없으면 개선을 위한 노력도 없을 겁니다.

가령 자동차 사고가 난 상황을 생각해봅시다. 운전자는 안전 속도를 지키며 운행하고 있습니다. 그런데 갑자기 보도에서 사람이 뛰어나옵니다. 미처 속도를 줄일 수도, 방향을 틀 수도 없이 그 사람을 치고 말았죠. 불가항력이었습니다. 그럼에도 운전자는 책임을 느끼기 마련입니다. 자신이 조금만 더 주의를 기울였다면 사고를 피할 수 있었을지도 몰랐다고 생각할 겁니다. 실제로 피할 수 있었는지, 아니면 그저 덧없는 자책인지는 나중 문제입니다. 중요한 건 자신의 책임을 느끼고 개선하려 한다는 것이지요.

그러나 완전 자율주행차가 일반화되면 이런 책임의식은 완전히 사라지고 말 것입니다. 만약 사고가 발생한다 해도 운전자는 그저 자신이 '재수없었다'고 생각할 테지요. 이것이 합리적이고 이성적일지는 모르겠지만, 과연 '인간적'인 것이라고 할 수 있을까요?

자율주행차를 제작할 때 사고 책임을 규명할 여지를 남겨놓는 건 중요한 문제입니다. 완전 자율주행차를 개발할 수 있는 수준에 이르렀다고 하더라도 안전을 위한 프로그래밍이 모두 해결되었다며 손을 털고 물러날 사안이 아니란 얘기입니다.

실제로 운전자가 있느냐 없느냐에 따라 자율주행차의 사고 책임은 크게 달라집니다. 조건부 자율주행 단계에서 발생한 테슬라 자율주행차의 운전자 사망 사고에 대해 미국 경찰은 운전자가 항상 전방을 주시하고 위급 상황에 대처하도록 법에 규정돼 있는데도 차 안에서 영화를 보고 있었다는 점을 문제 삼아 운전자에게 책임을 물었습니다.

하지만 고도 자율주행 단계에서 발생한 우버 자율주행차의 보행자 사망 사고에 대해서는 운전자에게 책임을 물을 수 없었고, 단지 보행자의 과실만을 문제 삼았습니다. 그러면 당연히 완전 자율주행 단계에서는 더욱 운전자의 책임을 물을 수 없겠지요.

사고의 모든 책임을 사고 희생자인 보행자에게만 묻는 것은 무책임합니다. 한국의 현행 법에 의거하여 내려진 법원의 판결을 보면, 어느 경우라도 운전자의 과실 책임을 일정 부분 인정해 왔습니다. 이를테면 보행자가 횡단보도에서 빨간불을 무시하고 무단횡단을 하는 경우에도 운전자의 책임을 최소한 30%에서 최대 40%까지 인정하고 있지요.

이런 판결은 보행자의 과실이 있더라도 운전자의 책임 또한 분명히 존재한다는 것을 보여줍니다. 하지만 이것은 운전자가 있을 때나 가능한 이야기입니다. 운전자가 없다면 모든 책임은 보행자에게만 돌아갑니다.

완전 자율주행 단계에 이르면 교통사고 발생시 피해자는 있

테슬라가 개발한 자율주행차의 사고 현장. 자율주행차가 운행되더라도 사고는 일어난다는 사실이 드러나면서 안정성과 함께 사고의 책임성 문제가 불거졌다. 완전 자율주행차 단계에서는 아무에게도 책임이 없는 교통사고가 발생할 수도 있는데, 그럴 때 배상과 재발 방지 대책은 어떻게 마련될 수 있을까?

으나 가해자가 없는 상황이 벌어질 수 있습니다. 오직 기술적인 문제를 사고 원인으로 삼을 수 있겠지만, 앞선 두 사고 사례에서 사고 책임은 사람에게 물었지 제조사나 기계에 묻지 않았다는 점도 주목해야 하지요. 완전 자율주행 단계에서는 작동의 오류만 없으면 제조사에 책임을 추궁할 수 없습니다.

결국 피해는 오직 피해자 자신의 책임이 됩니다. 사고를 당한 보행자에게는 아무것도 배상해줄 수 없습니다. 알아서 조심하라는 말밖에 해줄 게 없지요. 앞으로 완전 자율주행 단계에 이르면 이런 문제가 더 많아질 겁니다. 그때가 되면 교통사고는 오로지 보행자의 실수와 잘못 때문에 발생하는 것으로 여겨질 테고, 운전자는 아무런 양심의 가책도 느끼지 않게 될 겁니다.

사람 목숨이 달린 운전이라는 행위에서 책임을 묻지 못하게 되는 건 매우 우려할 일입니다. 사람들은 자율주행차를 타더라도 자신이 다른 이들에게 큰 피해를 줄 수 있음을 인식하고, 마지막까지 조심할 책임을 가져야 합니다. 때문에 언제든지 인간이 개입할 수 있는 여지를 남겨놔야 하지요. 예컨대 자율주행차라 하더라도 운전대와 페달을 없애서는 안 되고, 운전자는 운전석에 착석하여 언제든 운행에 개입할 수 있어야겠지요. 자율주행차의 상황을 체크하는 등 운전에 주의해야 할 의무와 책임을 버려서는 안 된다는 이야기입니다.

이를테면 자동항법장치에 따라 운항되는 항공기의 조종사가 지켜야 할 의무 정도는 자율주행차의 운전자에게도 남겨두어야 하지 않을까요? 자동항법장치는 조종사가 항공기 이륙 전에 미리 입력해둔 데이터에 따라 비행중인 항공기의 방위, 자세 및 비행고도를 자동으로 유지시켜주는 장치로 자율주행차의 인공지능 시스템과 유사하다고 볼 수 있습니다. 자동항법장치가 있는데도 불구하고 항공사들은 조종사 자리를 남겨두고 있습니다. 급격한 기류 변화로 승객들의 안전이 위협받는 경우도 있고, 이착륙시에는 특별히 더 주의가 요구되는 만큼 조종사의 역할이 여전히 필요하기 때문이죠. 조종사를 남겨둠으로써 우리는 항공기 사고의 책임을 인간에게 물을 수 있게 되고, 그만큼 더 신중하게 승객의 안전을 살펴볼 수 있듯이 자율주행차에서도 운전자의 자리와 역할은 남겨져야 합니다.

윤리는 프로그래밍할 수 없다

그런데 완전 자율주행 단계는 일종의 특이점Singularity이라고 할 수 있습니다. 특이점은 어떤 기준을 상정했을 때 그 기준이 적용되지 않는 지점을 가리키는 것으로, 인공지능 영역에서는 기계가 인간을 초월하는 순간을 의미하지요. 이제까지는 인간의 행동에는 책임이 뒤따르고 그 책임을 묻는 기본 원리에 따라 사회가 운영되었지만, 완전 자율주행 단계에서는 그러한 기준이 적용되지 못합니다. 특이점에 이르면 인간이 할 수 있는 게 없어집니다. 인간 생명을 다루는 일에서 인간이 할 수 있는 게 없다는 것만큼 허망하고 무기력한 일도 없겠지요.

완전 자율주행차 단계에서는 인간의 운명을 미리 정해놓은 기계의 결정에 맡겨버리게 됩니다. 인간의 도덕적 책임은 사라지고, 반면 기계가 인간의 운명을 결정하고 인간은 그 판단에 따르게 되겠지요. 이건 주객이 전도된 일이 아닌가요? 자율주행 프로그램을 비록 인간이 설계했다고 하더라도 인간은 그 프로그램에 따라 사고와 행동을 맞춰야 할 것입니다. 인간의 다양한 윤리적 가치관도 결국 그 한 가지 윤리 규칙에 갇혀버릴 테지요.

자율주행 프로그램에 인간의 복잡한 윤리학을 담는 것은 기계의 톱니바퀴에 인간을 끼워 넣는 것과 같습니다. 일정한 법칙에 따라 프로그래밍을 한다면 인간의 다양한 고민이 지닌 가치는 사라지고 맙니다. 생명의 경중에 대한 판단과 결정적 순간에서의 선택을 미리 프로그램으로 정해놓아서는 안 됩니다. 인간의 생명에 대한 윤리적 판단과 선택은 기계에 맡기기보다는 사고 순간에 처한 인간 개개인에게 맡기는 것이 인간 사회에 더 어울리는 조치입니다.

한편, 사고 대응 프로그램이 수많은 상황을 모두 아우를 수 있을지도 의문입니다. 사고 대응 규칙을 단순한 사례에 적용하기는 비교적 쉽지만 복잡한 상황에서는 규칙을 적용하는 게 어려워집니다. 분명하게 생사가 나눠지지 않는 경우도 많으니까요.

예를 들면 한 사람보다는 여러 사람을 살리는 방향으로 프로그램을 설계하는 게 가능할 수는 있겠지만, 여러 사람은 중상을 입을 정도의 충돌이고 한 사람은 목숨을 잃는 게 확실하다면 어떤 선택을 해야 할까요? 한 사람과 또 다른 한 사람 사이에서 사회적 약자를 보호하도록 설계하는 것도 일견 논리적으로 타당해 보일 수 있지만, 이 경우에도 부상의 경중을 고려하지 않고 일방적으로 설계해도 좋은지 의문입니다.

'보행자 우선'이라는 원칙도 마찬가지입니다. 보행자를 탑승자에 비해 약자로 규정하고 보행자를 보호하기 위한 탑승자의 희생을 불가피한 것으로 설계한다면, 이는 완전 자율주행 단계에서 운행에 전혀 개입할 수 없는 탑승자에게 절대적 책임을 지우는 일입니다. 더욱이 탑승자가 노인일 수도 있고, 임산부일 수도 있는데 무조건적으로 보행자를 우선한다는 건 전혀 사리에 맞지 않습니다.

이렇듯 프로그램 설계에 일반적 상황을 담을 수 있겠지만 구체적으로 들어가면 난점이 가득합니다. 자율주행차의 사고 대응 프로그램은 복잡한 구체적 상황에 일반화된 규칙을 적용시켜 기계적으로 운행하도록 만들 뿐, 이 같은 프로그램이 사고를 원천적으로 막아낼 수는 없습니다. 시스템의 희생자가 발생할 수밖에 없는 거지요. 게다가 이 희생자는 억울함을 호소할 수도 없습니다. 전체 사고가 줄어들지라도 그것이 과연 인간이 운전할 때보다 낫다고 이야기할 수 있는지 의문입니다.

자율주행차의 사고 대응 프로그램은 혁신이 아니라 조건 반사에 비유할 수 있습니다. 구체적인 상황은 제각기 다른데 이런 반사적 기능을 만들면 다양한 상황에 처한 인간을 전혀 배려하지 못하지요. 윤리 법칙은 다양하고, 사람마다 그에 대한 판단도 다릅니다. 획일적으로 윤리 법칙을 적용할 수 없다는 것이지요. 상황에 맞게 윤리 법칙을 적용하는 것은 인간만이 할 수 있는 일이며, 오로지 인간에게 맡겨져야 하는 일입니다.

인간에게 바람직한 행동의 상을 제시할 수는 있지만 규격화된 행동을 요구할 수는 없습니다. 윤리적인 행동을 결정하는 수학 공식이나 프로그램은 없다는 이야기입니다. 윤리적 딜레마에서처럼 '누구를 구할 것인가' 하는 문제는 오직 인간의 '정해지지 않은' 영역이어야 합니다.

윤리적 선택을 디지털화된 프로그램에 맡기면 풍부하고 깊은 인간의 생각을 단순화시키게 됩니다. 인간이란 무엇이며 생명의 가치는 어디에 있는지, 정답 없는 문제들을 끊임없이 고민하고 성찰하는 인간이 남아 있을 때 비로소 인간 사회라 부를 수 있을 것입니다. 그렇지 않으면 그것은 무책임한 기계 사회에 불과할 것입니다.

✚ 생각 플러스 ✚

이렇게 완전 자율주행차에 대한 논의를 대립시켜봤습니다. 윤리적 딜레마를 현실 상황으로 가정하고 각 입장에서 그것을 어떻게 보고 있는지를 살펴봤지만, 실제로는 더 기본적으로 고려해야 할 문제가 있습니다. 어떤 자율주행 프로그램을 장착하든지 그것은 도로교통 시스템을 획기적으로 바꾸지 않는 이상 기존

도로교통 시스템을 바탕으로 개발될 수밖에 없다는 것입니다.

이를테면 도로교통 시스템이 보행자보다 차량 운행에 유리하게 돼 있으면 보행자를 보호하는 프로그램이 설계되기 어려울 겁니다. 따라서 자율주행차의 프로그래밍뿐만 아니라 도로교통 시스템을 전체적으로 어떻게 바꿀지에 관한 논의도 필요할 것 같습니다.

예를 들어 자율주행차 전용도로를 만들거나 인도 혹은 차도 가운데 하나를 완전히 지하화하여 인도와 차도를 분리하는 방식으로 도로교통 시스템을 바꿀 수 있겠지요. 그러면 자율주행차의 프로그램을 설계할 때의 어려움이 완화될 수 있지 않을까요? 마치 지금의 지하철처럼 보행자가 사고를 당할 가능성을 거의 없앨 수 있는 도로교통 시스템을 만들면 어떨지도 생각해봤으면 합니다.

한편 컴퓨터 시스템이 고도화될수록 시스템이 불안정하거나 에러가 발생하면 그 피해는 더욱 커질 것이기 때문에 이 문제도 신중하게 생각해봐야 합니다. 자율주행차를 둘러싼 기술이 거듭 발전하여 자동차와 자동차가 교신하는 'V2V(Vehicle-to-Vehicle)' 기술이 나오면서 미국 도로교통안전국은 2019년에 모든 승용차와 경트럭이 V2V 기술을 갖추도록 요구하고 있습니다. 자동차가 교통 인프라와 긴밀하게 소통하는 'V2I(Vehicle-to-Infrastructure)' 기술도 개발되었고, 자동차가 주변의 수많은 사물과 연결되는 'V2X(Vehicle-to-Everything)'의 발전도 곧 가능하리라 보입니다. 이렇게 되면 도로교통 시스템이 하나의 거대한 컴퓨터 시스템이 되는 셈입니다. 그런데 이 시스템에 에러가 생기면 어떻게 될까요? 이때 사고가 발생하면 그 책임은 아마도 사고에 관여한 사람들, 즉 제조업체와 교통인프라 관리자가 나누어 져야 할 것입니다.

더 나아가 이 시스템이 단순 에러가 아니라 해커의 공격으로 무력해진다면 어떤 일이 벌어질까요? 실제로 2015년에 두 명의 해커가 주행중인 자율주행차의 전자계기와 운전대, 제동장치 등을 해킹할 수 있음을 보여줬습니다. 해킹을 막아낼 보안 능력을 꾸준히 향상시키면 된다고 반박할 수 있겠으나 어떠한 보안 시스템도 완벽하지 않다는 것은 이미 잘 알려져 있습니다. 해킹을 막을 수 없다면 그에 대한 책임은 누가 져야 하나요?

사고의 원인이 관리자의 실수이든, 해커의 범죄로 인한 것이든, 혹은 시스템의 예상하지 못한 오류이든 모든 게 컴퓨터로 연결된 초연결시스템은 잠시라도 끊기면 대형 사고를 낳습니다. 그러면 도로는 한순간에 아수라장으로 변하겠지요. 세상이 아예 멈춰버릴 수도 있을 것입니다. 그러면 어느 누가 이 재앙을 감당할 수 있을까요?

이런 상황의 발생 가능성을 염두에 둘 때, 과연 자율주행차의 기술개발이 더 진전될 필요가 있는지 의문이 들 수도 있습니다.

그러면 제조사들은 현재 진행하고 있는 자율주행 기술의 개발을 멈춰야 할까요? 멈추게 하는 것이 가능할까요? 앞으로 어떤 사고가 발생할지는 예상하기 힘듭니다. 자동차가 처음 세상에 나왔을 때에도 교통사고가 상해 관련 사망 요인 중 가장 큰 비중을 차지하는 오늘날의 상황을 전혀 예상하지 못했을 테지요. 그런데 만일 사람들이 이 같은 현실을 당시에 알고 있었다고 해서 자동차 개발을 멈추지는 않았을 것 같습니다. 마찬가지로 자율주행차의 기술발전이 특이점을 지남으로써 인간 사회에 상상할 수 없는 문제가 나타날 것이라고 우려하는 지금도 자율주행차 개발은 막을 수 없는 것이 아닐까요? 그러면 우리가 할 수 있는 일은 무엇일까요?

로봇세

필요하며 정당한 과세 VS 과도한 징벌적 과세

일본 나가사키현의 테마파크 하우스텐보스에 가면 기네스북에 등재된 이상한 호텔이 있습니다. 호텔 이름도 '이상한'이라는 뜻을 가진 '헨나変な' 호텔입니다.

2015년 7월에 개장하여 큰 화제를 모았던 이 호텔은 들어서는 순간부터 사람들을 당황하게 만듭니다. 사람이 없기 때문입니다. 호텔 프런트에는 사람처럼 하얀 유니폼을 입은 로봇이 있으며 그 옆에서 공룡 로봇이 함께 투숙객을 맞이합니다. 이 안내 로봇들은 일본어뿐만 아니라 영어와 중국어, 그리고 한국어도 할 수 있으니 말이 통하지 않을까 봐 걱정할 필요는 없습니다.

안내 로봇의 도움으로 체크인 수속이 끝나면 새로운 로봇이 등장합니다. 숙소 안내와 짐을 실어다 주는 벨보이 로봇입니다. 방에 들어서면 이번에는 서비스 로봇 츄리가 인사를 합니다. 츄리는 사람의 목소리를 인식해 실내등을 켜주며 일기예보, 관광 정보를 알려주고 모닝콜에도 대응해줍니다. 그리고 호텔 복도를 지나가다 보면 또 다른 청소원 로봇을 만나게 됩니다. 호텔 청소의 일부분도 로봇이 사람을 대신해서 하고 있지요.

이러한 로봇 호텔에 대한 반응은 크게 엇갈렸습니다. 가장 흔한 반응은 놀라움과 신선함이었죠. 로봇이 접대를 하고 안내를 하다니, 뜻밖의 새로운 경험이 될 만도 합니다. 그런데 이런 단순한 호기심을 넘어서 좀 더 진지한 반응들이 있었습니다.

먼저 세계에서 가장 생산성이 높은 호텔로 주목받으면서 미래 서비스업에서 로봇이 큰 역할을 할 것이라며 긍정적으로 해석하는 견해가 있었습니다. 반면에 로봇이 사람의 일자리를 대체하는 상징적 사건으로 여겨져 이를 두려워하는 사람들도 적지 않았지요.

헨나 호텔의 개장은 오늘날 로봇의 도입으로 더욱 발전되고 있는 자동화 시스템이 가져올 사회 변화의 단면을 보여주고 있습니다. 한편으로는 로봇으로 인한 생산성 증대가 가져오는 발전과 풍요에 대한 기대가 있지만, 다른 한편으로는 실직과 가난과 불평등이 늘어날 것이라는 걱정이 있습니다.

앞으로 헨나 호텔에서 벌어진 일들이 경제 전반에서 나타나면 어떤 일들이 더 복잡하게 나타날지 지금으로서는 정확히 예측하기가 어렵습니다. 이는 4차 산업혁명의 향방과도 관련이 있습니다. 4차 산업혁명의 핵심은 디지털 기술에 기초한 자동화 시스템에 있다고 할 수 있습니다. 자동화 시스템은 갈수록 더욱 정교해지고 통합적으로 진화하여 사회 변화를 이끌어갈 것입니다. 오래전부터 자동화가 진행되었지만 오늘날은 특별히 로봇이나 인공지능이 주도하고 있습니다. 알파고로 대변되는 인공지능의 등장은 혁명이라고까지 불리며 지금까지와는 완전히 다른 사회가 올 것을 예고하고 있습니다.

이러한 변화를 긍정적으로 받아들이는 사람들은 발전된 기술 덕분에 생활이 더욱 풍요로워질 것이라고 말합니다. 인간보다 더 정확하고 빠르게 일처리를 하는 로봇과 인공지능을 보고 있노라면, 그저 상상만은 아닐 것 같습니다. 그 덕분에 우리는 더욱 편하게 살아갈지도 모르겠지요.

하지만 눈앞의 현실은 결코 녹록치 않습니다. 무엇보다 로봇이 들어선 분야에서는 일자리가 급격히 사라지고 있어 많은 사람들이 우려하고 있습니다. 2016년 1월 스위스 다보스에서 열린 세계경제포럼에서 의장인 클라우스 슈밥은 4차 산업혁명으로 일자리 710만 개가 사라지고 200만 개가 새로 생겨 결과적으로 510만 개가 없어질 것이란 전망을 내놨습니다. 사람을 일자리에서 몰아내는 로봇 경제의 질주는 지금 이 순간에도 계속되고 있습니다. 그 거침없는 행보는 생산성을 높여주지만 이에 따른 부작용도 무시할 수 없게 되었습니다. 로봇의 도입에 따라 줄어드는 일자리 문제를 어떻게 해결해야 할지가 중요한 사회적 과제로 대두되고 있는 것이지요.

인류의 노동이 새로운 국면을 맞이하면서 로봇세를 새로 부과해야 한다는 목소리가 점차 높아지고 있습니다. 로봇세란 사람이 하는 일을 로봇으로 대체하는 경우 로봇이 생산하는 경제적 가치에 대해 로봇을 소유한 사람이나 기업에 부과하는 세금을 말합니다.

이미 미국과 유럽에서는 로봇세 논의가 활발합니다. 마이크로소프트의 공동 창업자인 빌 게이츠는 2017년 "노동자들이 자신의 수입에 따라 소득세와 사회보장세 등을 내고 있는 만큼 로봇도 노동자와 같은 일을 할 경우에는 이와 비슷한 수준의 세금을 내야 한다"며 로봇세의 필요성을 강조하고 나섰습니다. 그는 로봇의 도입으로 인해 가장 큰 타격을 받는 분야를 파악하고, 대응 방안을 마련하기 위한 시간을 벌기 위해서 로봇세를 도입해 로봇이 보급되는 속도를 조절해야 한다고 주장했습니다. IT 분야를 이끌었던 빌 게이츠가 이러한 입장을 밝힌 것은 분명 놀라운 일이나, 이는 그만큼 로봇의 도입으로 인한 사회적 변화가 심각하게 우려된다는 방증이기도 할 것입니다.

하지만 반대의 목소리도 만만치 않습니다. 경제전문지 『포천』은 「빌 게이츠의 이상한 아이디어」라는 제목의 기사에서 "로봇세에 대한 게이츠의 주장은 나쁘고 잘못된 생각"이라고 비난했지요. 로봇에 세금을 부과하면 로봇 자체의 가격이 오르게 되고 결국 투자가 줄어들어 기술혁신이 더디게 진행될 것이라는 반론도 거셉니다. 특히 유럽의회는 로봇에게 '특수한 권리와 의무를 가진 전자인간'의 지위를 부여하면서도 노동자의 재훈련과 기본소득 보장을 위한 로봇세 도입에는 반대하는 결의안을 채택했습니다.

이렇게 로봇세 논란은 뜨겁습니다. 쟁점을 정리하자면, 한편에서는 대량 실직 사태와 같은 4차 산업혁명의 부작용을 최소화하기 위해 로봇세를 도입하자는 주장이 있습니다. 반면에 로봇세는 부당한 징벌적 과세로 로봇 기술의 발전 속도를 늦추어 사회적 편익이 줄어들 수 있다는 비판적인 목소리도 나옵니다. 양쪽의 입장을 차례로 살펴봄으로써 4차 산업혁명 시대를 살아가는 지혜를 모아봤으면 합니다.

 ## 필요하며 정당한 과세

로봇 쓰나미가 몰려온다

여러분들도 자주 패스트푸드점에서 햄버거 등을 사 먹을 겁니다. 그런데 언젠가부터 '무슨무슨 버거 주세요' 하며 주문하는 소리가 들리지 않습니다. 웬만한 매장에는 고객 스스로 메뉴 검색 및 주문, 결제를 할 수 있는 무인주문 시스템인 '키오스크Kiosk'가 설치돼 있기 때문이죠. 처음엔 다소 익숙지 않아 하던 손님들도 이제는 키오스크로 주문하는 것을 더 편하게 여깁니다. 점심시간에 줄이 긴 경우가 많은데 키오스크를 이용하면 훨씬 빨리 주문할 수 있고, 직원 눈치를 보지 않고도 이런 저런 세세한 주문을 할 수 있으니까요. 업체에서는 주문을 받는 사람을 두지 않아도 되니 그만큼 인건비를 줄일 수 있습니다. 이렇듯 키오스크 시스템을 운영하는 가장 큰 이유는 인건비 절감 때문입니다. 심지어는 음식을 만드는 일을 하는 로봇까지 개발중에 있습니다. 미국의 미소로보틱스가 만든 로봇 '플리피Flippy'는 패티를 구운 뒤 빵 위에 올려 주는 일을 할 수 있는데, 패스트푸드점에 이런 로봇까지 등장한다면 여러분들이 구할 수 있는 아르바이트 자리도 점점 사라질 테지요.

로봇의 등장으로 인한 일자리 감소 현상은 일찍이 제조업 분야에서 시작되어 다양한 업종으로 파급되고 있습니다. 세계 굴지의 제조업 공장에 가면 노동자가 전혀 보이지 않거나 드문드문 있고, 줄지어 선 로봇들만이 요란한 기계음을 내며 쉼 없이 움직이는 모습을 흔히 볼 수 있습니다. 한국도 예외는 아니지요.

로봇이 일하는 현장을 가장 실감나게 볼 수 있는 곳은 자동차 공장입니다. 현대차 공장에서는 모든 공정에 자동화 시스템이 적용되어 있습니다. 특히 자동화율이 100%인 용접 공정에서 수백 대의 로봇이 차체 조각을 용접하고 작업을 마친 차체를 다른 로봇이 점검하는 광경은 마치 SF영화의 한 장면 같은 느낌마저 줍니다. 하지만 공장 안에 사람은 찾아볼 수 없어 낯설고 두렵기도 합니다.

삼성전자 광주공장 역시 로봇 세상입니다. 이곳 에어컨 생산 현장에서는 무인 운반차가 부품을 끊임없이 실어 나르는 모습을 볼 수 있습니다. 로봇팔이 그 부품들을 조립하며, 제품의 세부적인 검사도 3D 스캐너가 사람을 대신하고 있습니다. 제품의 틀을 찍어내는 금형센터는 모든 공정을 100% 자동화해 24시간 무인 가동이 가능하다고 합니다. 이것이 높은 생산성을 자랑하는 스마트 공장의 모습입니다.

로봇의 등장으로 인한 일자리 감소는 먼 미래의 문제 아니라 이미 진행중이며, 앞으로는 더 빠르게 진행될 것입니다. 이와 관련해 세계 곳곳에서 내놓는 보고서는 암울한 내용이 대부분입니다. 실제로 2만 명이 근무하던 중국의 한 공장에서 최근 로봇이 투입된 뒤 로봇을 관리하는 직원 100명만 남은 사례도 있다고 하니 노동자가 설 자리는 갈수록 줄어들어만 갑니다.

특히 일반 산업용 로봇 가격은 2007년 4000만~5000만 원에서 최근 1000만~2000만 원으로 떨어졌다고 합니다. 미국 자동차 제조업에 사용되는 산업용 로봇의 운영비는 이미 일반 패스트푸드 매장 직원의 임금과 거의 비슷한 수준이라고 하고요. 이처럼 로봇의 도입 비용이 낮아지면서 로봇이 노동자를 밀어내는 일은 더욱 가속화될 것입니다.

오늘날 더 심각한 문제는 직종을 불문하고 일자리가 사라진다는 점입니다. 그동안 단순 반복하는 육체노동을 로봇이 대체할 때는 로봇에 대한 거부감이 크지 않았습니다. 숙련된 기술이나 전문지식과 창의적 사고가 필요한 일자리는 괜찮을 거라 믿었던 거지요. 그래서 크게 걱정을 하지도 않았고, 이제까지는 실제로 그 믿음이 옳았습니다.

하지만 이제는 아닙니다. 3D 프린트와 같은 신기술의 도입과 로봇의 발전은 보석 가공, 금형, 플라스틱 부품 성형 등 숙련 노동이 필요한 일자리도 위협하고 있습니다. 전문직종도 불안해졌습니다. 2016년 미국 뉴욕의 로펌들은 인공지능 변호사를 도입하기 시작했습니다. IBM의 인공지능 프로그램을 기반으로 개발된 법률 자문 인공지능 '로스ROSS'는 1초에 1억 장의 판결 사례를 검토할 수 있다고 합니다. 로스의 도움으로 변호사들은 소송을 준비하기 쉬워졌을 뿐만 아니라 보다 정확한 법률 자문을 받아 승소율도 높일 수 있었지요. 뉴욕의 로펌 수십 곳이 이미 로스를 도입하여 활용하고 있습니다. 지금 당장은 변호사 업무를 보조하는 정도이지만, 이런 인공지능이 더 발달하면 변호사의

일본 헨나 호텔 프론트의 공룡 로봇들. 인간 없는 공장에 이어 인간 없는 호텔도 등장했다. 앞으로는 인간 없는 병원과 인간 없는 식당도 나타날 것이다. 로봇 시대는 이미 와 있다.

자리마저 위협받을지 모릅니다. 로펌들이 변호사를 예전만큼 많이 고용할 필요가 없게 될 것이고, 또 로펌의 도움 없이 로스에게 의지해 소송을 대비하는 사람들도 늘어날 테니까요.

　한국의 대입 수험생들이 가장 선호하는 의료계도 안심할 수 없습니다. 의료계에서는 2015년 IBM이 만든 '왓슨 포 온콜로지(종양학)Watson for Oncology'라는 로봇이 이미 자리를 잡았습니다. 이 인공지능은 환자의 신체 정보와 증상을 입력하면 전세계의 수많은 연구 자료를 빠르게 분석해 적절한 치료법을 제시합니다. 현재 국내 몇몇 병원에서 암 치료에 이 시스템을 활용하고 있지요. 나아가 직접 수술을 하는 로봇까지 등장하고 있습니다.

구글과 존슨앤드존슨이 합작하여 출시한 의료용 로봇은 환자의 신체 내부 이미지를 인공지능으로 실시간 분석하면서 수술을 도울 수 있다고 합니다. 수술을 하는 로봇이라니… 상상해본 적이 있나요? 의술은 로봇이 하기에는 너무 섬세하고 어려운 작업이며 인간의 생명이 달려 있는 분야라 인간의 마지막 영역으로 생각하는 사람도 있지만, 이제 의사의 자리도 인간만의 것이라고 장담하긴 어렵게 됐습니다.

상당수의 지식 노동도 로봇이 대체할 것으로 예상됩니다. 지능형 로봇은 계산과 같은 단순하고 반복적인 작업에서 벗어나 복잡한 자료에 대한 분석과 예측도 할 수 있습니다. 그래서 주식 시장에 대한 투자 분석이나 기업 재무 분석도 로봇이 맡을 수 있는 상황입니다. 특히 지능형 로봇이 인간의 일자리를 대체하는 범위는 산업용 로봇보다 훨씬 클 것이라는 전망도 나오고 있어 불안감은 더 커질 수밖에 없습니다.

로봇은 단순 육체노동자의 일자리를 이미 대체했습니다. 그로 인해 경제적 하층으로 분류되는 사람들은 생계를 유지하는 게 더욱 어려워지고 있습니다. 그뿐만 아니라 숙련 기술자와 의사·변호사·회계사 등 전문직도 로봇이 서서히 대체할 조짐을 보이면서 중산층들의 경제적 지위도 불안해지고 있습니다. 특히 중산층의 몰락은 사회 양극화를 악화시킬 수 있습니다.

선진국에서 빈부격차가 심해지는 원인이 로봇의 도입과 같은 자동화 설비 때문이라는 연구결과도 있습니다. 아무래도 선진국이 개발도상국보다 더 적극적으로 로봇을 도입해 자동화를 가속화하면서 중산층이 무너진 탓이겠지요. 이처럼 생산성만 생각하여 로봇의 도입을 늘리면 앞으로 모든 직종에서 실업자는 더 늘어나고 소득 격차는 점점 더 벌어지기만 할 것입니다. 그동안 세계 인구의 1%가 세계의 부를 독점한다는 지적이 꾸준히 제기되었는데, 이제는 그도 아닌 0.01%가 부의 대부분을 차지할지도 모르지요.

그야말로 로봇 '쓰나미'가 밀려오고 있습니다. 로봇이 모든 산업계를 완전히 뒤덮는 날이 언제 올 것인지에 대해서는 조금씩 예측은 다르지만 그렇게 멀지는 않을 것 같습니다. 미국의 경우만 보더라도 산업용 로봇수가 가파르게 증가하면서 노동자의 숫자는 그만큼 줄어들고 있지요.

한국도 예외가 아닙니다. 한국은 로봇 쓰나미의 여파가 가장 빨리, 더 크게 올 수도 있습니다. 이미 한국은 노동자를 로봇으로 대체하는 비율이 세계에서 가장 높습니다. 국제로봇연맹IFR의 「2017 세계 로봇 통계」 보고서에 따르면, 2016년에 한국은 노동자 1만 명당 631대의 로봇을 사용했습니다. 한국의 로봇 밀도는 2010년부터 요지부동의 세계 1위 자리를 차지하고 있습니다. 로봇강국 일본이나, 제조업 강국 독일, 그리고 세계 제1의 경제대국인 미국보다 앞섰지요. 어쨌든 1위이니 좋아해야 할 일일까요? 결코 그렇지 않습니다. 한국에서 로봇은 주로 제조업, 그중에서도 전기전자와 자동차 산업에 도입되고 있는데 이 업종들은 그동안 가장 많은 일자리를 창출하던 분야였습니다. 정부는 매번 일자리 창출을 최우선 과제로 삼고 있는데, 이런 상황이라면 어떤 정부도 그 과제를 달성할 수 없을 겁니다.

'로봇세'를 부과해야 한다고 주장하는 이유가 여기에 있습니다. 로봇과 인공지능이 주도하는 4차 산업혁명은 인류 역사에서 유래를 찾아볼 수 없는 경제적 충격을 줄 것으로 예상됩니다. 대부분의 노동은 기계가 자동으로 알아서 하고, 사람들은 일하고 싶어도 일자리가 없이 살아가는 운명에 처할지도 모르지요. 이런 사회적 대격변을 대비하지 않는다면 4차 산업혁명은 인류에게 축복이 아니라 재앙이 될 겁니다. 그래서 로봇세 도입을 통해 4차 산업혁명의 충격을 줄여야만 합니다.

사회적 선순환을 위한 로봇세

로봇세는 용어가 낯설 뿐이지 전혀 새로운 원칙에 따른 게 아닙니다. 소득이 있는 곳에 과세가 항상 있어야 한다는 건 조세의 원칙 가운데 가장 기본적인 원칙입니다. 근대 국가가 형성된 이래 모든 국가가 이런 원칙에 따라 세금을 매겨왔죠. 그래서 그동안 노동자에게는 노동으로 소득이 발생한 데 대해 세금을 부과했고, 기업에는 매출액과 순수익에 따라 세금을 부과했습니다.

하지만 이제 노동자의 자리를 대부분 로봇이 대체한다면? 로봇에 세금을 매겨야 하는 것이지요. 하지만 로봇 자신에게는 소득이 발생하지 않아 세금을 부과할 수 없는 노릇이니 로봇을 생산 현장에 도입한 기업에 세금을 부과해야 합니다. 기업들이 로봇으로 수익을 창출하는 만큼 로봇세 부과는 정당합니다.

　로봇세는 기업의 사회적 책임을 이끌어내는 것이기도 합니다. 그동안 기업의 사회적 역할 중 가장 기본이라 꼽혀온 것이 고용창출이었습니다. 기업의 활동과 수익은 사회와 떼려야 뗄 수 없는 관계에 있습니다. 그래서 일정 부분 사회에 대한 책임을 지고 있지요. 그런데 기업들 대부분은 기업을 운영해 고용을 창출하는 것만으로도 사회에 기여한다며 보다 적극적으로 사회적 책임을 다하려 하지 않았습니다. 그런데 이제 로봇의 도입으로 이런 주장이 무색해졌습니다. 오히려 지금 기업은 로봇을 들여오면서 사람들을 내몰고 있습니다. 이것은 기업의 사회적 책임과 거리가 멀어도 한참 멀어 보입니다.

　로봇의 도입으로 노동자들이 내몰리는 모습은 15세기 중엽 이후에 유럽에서 일어났던 인클로저 운동을 떠올리게 합니다. 인클로저 운동이란 양모 산업이 발달하면서 지주들이 양을 키우기 위해 토지에 울타리를 쳐 그 안에서 살던 사람을 밖으로 몰아냈던 일을 말합니다. 당시 유명한 인문주의자였던 토머스 모어는 『유토피아』에서 "양이 사람을 잡아먹는다"고 당시 상황을 질타했습니다. 그런데 그 책이 나온 지 500년이 지난 오늘날, 그의 주장이 낯설게 들리지 않습니다. 양을 로봇으로 바꿔 생각해 보면, 지금은 로봇이 사람을 잡아먹는 세상이라고 할 수 있지 않을까요?

이렇게 로봇 때문에 사람이 내쫓기는 상황이 되고 보니 로봇이 궁극적으로 누구를 위해 개발되었고 사용되는 것인지 의문마저 생깁니다. 물론 로봇의 도입으로 생활이 편리해지고, 생산성과 효율성이 증진된 것은 부정할 수 없습니다. 하지만 그로 인한 혜택이 일부에게만 돌아간다면 이를 마냥 반겨야만 할까요? 많은 이들을 소외시키는 기술이라면, 그 성과가 아무리 눈부셔도 의미가 퇴색되고 말 겁니다. 기업이 생산성 향상에 몰두한 나머지 사회적 부작용을 충분히 고려하고 있지 못했던 만큼 이제는 정부가 그 문제를 해결하는 데 적극적으로 나서야 합니다.

바로 그래서 로봇세가 필요하다는 겁니다. 로봇세를 도입해 로봇으로 인한 경제적 효과가 사회적으로 선순환할 수 있도록 해야 합니다. 이를테면 로봇으로 인해 발생할 실직 문제를 해결하기 위한 재원을 로봇세로 마련하는 것이지요. 대규모 실업이 일어나면 정부는 전통적으로 실업보험이나 실업부조 등의 대책을 마련해왔습니다. 그러기 위해서는 많은 재원이 필요한데, 이를 로봇세로 마련하자는 겁니다.

정부는 로봇세를 거둬들여 기본소득을 제공할 수도 있습니다. 그리하면 직업이 없는 사람도 기업이 생산한 재화와 서비스를 소비할 수 있게 되죠. 로봇을 이용해 아무리 효율적으로 많은 제품을 생산한다고 해도, 그것을 사줄 사람이 없다면 기업은 이익을 거둘 수 없기 마련입니다. 그러면 국가 경제도 당연히 성장하지 못하고요. 그러니 기업이 로봇세에 대해 지나치게 거부반응을 보일 필요는 없습니다. 단기적으로는 생산성이 위축된다고 느껴질 수 있겠지만, 장기적으로 보면 로봇세는 기업에게도 이익이 되는 제도입니다. 로봇의 도입으로 사회가 무너지게 되면 기업 역시 존재할 수 없는 법입니다.

또한 로봇세는 사람들을 4차 산업혁명 시대에 적응하도록 재교육하는 데 사용될 수 있습니다. 로봇이 사회 전반에서 광범위하게 사용되면, 기존에 사람들이 닦아온 많은 기술은 쓸모없어질 것입니다. 이들이 새로운 기술을 익혀 다른 직업을 가질 수 있도록 정부가 재교육 프로그램을 운영할 필요가 있습니다. 앞서 제시한 실업보험이나 실업부조 혹은 기본소득 등은 4차 산업혁명의 충격을 완화하는 일시적인 대책이라 할 수 있지요. 하지만 이것이 비를 잠시 피할 우산 역할을 해줄 수는 있지만 근본적인 대책은 아닙니다. 새로운 시대에 맞는 새로운 기술을 재교육하여 안정적인 소득을 얻을 길을 열어주어야 할 것입니다. 이러한 일에도 로봇세가 유용하게 이용될 수 있습니다.

로봇으로 인해 발생하는 사회적 문제를 로봇세로 해결한다,

이것이 로봇세의 기본적인 발상입니다. 결자해지라는 말도 있듯이 로봇세는 당연하면서도 정의로운 것이 아닐까요? 로봇세는 로봇 기술의 개발이나 생산성 향상 효과를 훼손하지 않으면서도 사회공동체적 가치를 실현할 수 있는 수단이 될 것입니다.

 ## 과도한 징벌적 과세

로봇은 혁신과 진보의 도구다

모든 로봇이 그 존재 자체가 문제라고 말하는 사람이 있는 것 같습니다. 로봇세를 주장하는 사람들이 그러합니다. 로봇세는 로봇이 인간의 일자리를 빼앗아가는 대역죄인으로 취급하는 발상으로 보입니다. 이런 점에서 로봇세는 정상적인 과세가 아닙니다. 일종의 징벌적 과세라고 할 수 있습니다.

징벌적 과세는 죗값을 치르기 위한 목적으로 부과되며 불법행위에 대한 응징의 의미가 담겨 있습니다. 벌금·몰수금·과태료 등이 대표적이죠. 그런데 과연 로봇에게 일자리를 빼앗은 죗값을 물어 세금을 부과하는 건 정당한 일일까요?

특히 재난 대응 로봇을 보면 로봇이 정말 문제인 건지 강한 의구심이 듭니다. 재난 대응 로봇이란 사람이 접근하기 어려운 재난 현장에 투입되어 인명을 구조하는 로봇입니다. 선진국에서는 일찍부터 재난 대응 로봇의 개발에 착수했는데, 한국에서도 2016년부터 약 710억 원을 투입하여 '국민안전로봇 프로젝트'를 진행하고 있습니다. 재난 대응 로봇은 화재나 지진으로 건물 붕괴 위험이 남아 있거나 화학물질에 노출될 위험이 있어 119 구조대도 가지 못하는 위험 지역에 즉시 출동하여 인명을 구할 수 있습니다. 이런 재난 대응 로봇이 소방관의 일자리를 뺏는다고 할 수 있을까요?

로봇은 자원 개발에도 앞장서고 있습니다. 한국 해양수산부가 개발한 다관절 해저 보행 로봇인 '크랩스터Crabster'가 대표적인 사례입니다. 게Crab와 가재Lobster의 합성어로 이름 붙여진 이 로봇은 인간이 접근하기 어려운 수심 $6000m$ 지점까지 들어가 유용한 자원과 생물들을 발견 및 채취하고, 해저 유물 발굴 또는 해양재난 구조 활동 등에도 활용될 수 있다고 합니다. 이 로봇이 상용화된다면 해양에 대한 탐사와 개발이 진일보할 것입니다.

로봇은 사람을 내쫓는 게 아니라 사람을 도와줍니다. 장애인을 위한 로봇이 그 대표적인 사례이죠. 한국에서 로봇의 아버지로 불리며 2003년 로봇공학 분야 노벨상이라 불리는 '조지프 엥겔버거 로보틱스상'을 수상한 고故 변증남 교수는 로봇이 인류의 행복을 위해 존재한다고 믿는 사람 가운데 한 사람이었습니다. 그와 그의 연구팀은 청각장애인을 위한 수화로봇, 지체장애인을 위한 휠체어형 로봇팔 '카레스', 스스로 장애물을 피해가며 목적지를 찾아나가는 안내견 로봇 등을 잇달아 발명했습니다. 특히 2003년에 개발한 재활로봇 '카레스Ⅱ'는 장애인이나 노약자에게 식사, 물 마시기, 세수, 물건 집기, 컴퓨터 사용 등 약 12가지 일에서 도움을 줄 수 있다고 합니다.

이처럼 사회적으로 유익한 역할을 하는 로봇들이 많습니다. 그런데 로봇세는 이러한 공익적 로봇의 개발마저 억제할 것입니다. 물론 로봇세가 공익적 로봇의 개발을 억제하려는 의도로 부과되는 건 아니지요. 그리고 산업용 로봇에 대해서만 로봇세를 부과하면 된다고 말할 수도 있겠지요. 하지만 기술력이라는 면에서는 산업용 로봇이나 공익적 로봇이 따로 있는 게 아닙니다. 그리고 정부의 지원이나 순수 연구 목적으로만 로봇 기술을 향상시키는 데는 한계가 있을 수밖에 없습니다. 기업이 로봇 개발에 나설 때 전반적인 로봇 기술도 발전할 수 있지요. 산업용 로봇이 개발되면 자연스레 공익적 로봇에도 그 기술이 적용될 것입니다. 반대로 산업용 로봇 개발이 제약당하면 공익적 로봇도 그만큼 발달하지 못할 테고요.

한편 로봇세는 일종의 러다이트 운동처럼 보이기도 합니다. 19세기 초반 산업혁명 시기 공장에 기계가 도입될 무렵에 노동자들은 기계가 일자리를 빼앗는다면서 기계를 파괴하는 운동을 벌였는데, 이를 러다이트 운동이라고 하지요. 로봇세도 이와 비슷한 발상이 아닌가요? 로봇과 기계에 대한 편견과 오해에 사로

잡혀, 새로운 기술이 주는 혜택을 묻어버리려는 발상입니다.

만일 19세기 산업혁명 시기에 로봇세처럼 기계에 세금을 부과했으면 어떻게 됐을까요? 한쪽에서는 기계 파괴가 심심치 않게 벌어지고, 정부를 그러한 분위기에 호응하여 세금을 부과한다면 공장에서 기계는 찾아보기 힘들어졌을 겁니다. 공장의 안과 밖에서 기계를 도입하는 것에 대하여 강력하게 반발하니 어떻게 기업이 기계를 도입하여 생산성 향상을 위한 시도를 할 수 있겠습니까? 약간 과장하여 상상해보면 기계가 사용되기 이전의 상태로 되돌아갔을지도 모릅니다. 하나부터 열까지 인간이 직접 망치를 두드리면서 일을 하는 상태로 말이지요.

물론 기계가 완전히 사라지지는 않았을 겁니다. 하지만 적어도 산업 '혁명'이라 할 만큼의 폭발적인 변혁은 일어나지 않았을 것 같습니다. 증기기관차는 멈춰 섰을 것이고 철강 산업은 그 무게만큼이나 내려앉았을 것입니다. 자동차를 만들려는 시도도 좀처럼 일어나지 못했겠죠. 비행기도, 가전제품도, 컴퓨터도 개발이 한참 늦어졌을 겁니다. 우리는 지금보다 훨씬 뒤쳐진 사회에서 살게 됐을지도 모릅니다.

그래서 오늘날의 로봇세도 우려스러운 겁니다. 기업에게 로봇세는 금전적 부담이 될 뿐만 아니라, 로봇에 대한 사람들의 거부감을 나타내는 신호로 여겨질 것입니다. 그런 만큼 로봇 기술에 투자하기가 꺼려지겠지요. 4차 산업혁명의 붐도 이내 곧 시들어버리고 말 것입니다. 혁신과 발전이 없는 사회, 그것이 우리가 정말 원하는 사회인가요?

오늘날 세계의 경제발전 속도는 정체되어 있습니다. 이 같은 정체는 혁신이 일어나지 않은 탓이라고 볼 수 있습니다. 혁신이 어느 때보다 필요한 이 시기에 로봇세 부과는 그 혁신의 의지마저 꺾을 수 있습니다.

로봇이 일구어갈 새로운 산업과 경제

한편 로봇이 인간의 일자리를 위협한다는 '죄목'도 근본적으로 다시 생각해봤으면 합니다. 로봇이 인간의 일자리를 줄인다는 건 부정할 수 없지만 과장된 측면이 많습니다. 로봇이 일자리에 미치는 영향은 제한적으로만 나타나고 있기 때문입니다. 예컨대 로봇이 도입되던 초기에 로봇이 대체한 일자리는 대부분 노동환경이 매우 열악해 사람들이 거부하던 일자리였습니다. 로봇이 이 자리를 채움으로써 오히려 도움을 준 것이죠.

실제로 국제로봇연맹이 산업용 로봇 도입이 일반화된 6개국을 대상으로 로봇의 증가와 실업률의 상관관계를 비교한 결과, 로봇은 사람이 하기에 위험하고 불가능한 업무와 저임금 분야에서 많이 활용됐다고 합니다. 로봇의 증가로 인한 실업률 상승은 사람들이 꺼리는 특정 업종에서 두드러지게 나타난다는 점이 여러 연구를 통해 충분히 밝혀졌습니다. 로봇이 인간이 하는 모든 일을 빼앗을 거라는 건 대부분 현실이 아닌 우리의 상상일 뿐인 거지요.

따라서 로봇의 도입이 마치 실업대란을 불어온다고 단정 짓는 건 사실을 과장한 것입니다. 오히려 그런 식의 단정과 과장이 로봇에 실업에 대한 모든 책임을 전가하고 실업의 진정한 원인을 가려버릴 수도 있지요.

실제로 로봇 보급률과 실업률 간에는 확실한 상관관계가 나타나지 않습니다. 2018년 경제협력 개발기구OECD가 발표한 자료에 따르면, 회원국 중 실업률이 가장 높은 국가는 16.1%의 실업률을 기록한 스페인이었습니다. 그런데 스페인의 로봇 밀도는 세계에서 10위권 내에 들지도 못했지요.

반면에 로봇 밀도가 가장 높은 한국의 실업률이 세계에서 가장 높은 것도 아닙니다. 한국의 실업률은 4.0%에 그쳤습니다. 로봇 기술이 발전한 국가들의 실업률이 그렇지 않은 나라보다 더 높다고 할 수도 없습니다. 일본의 실업률은 2.5%, 독일은 3.4%로 사실상 '완전고용' 상태이고, 미국의 실업률은 4.1% 정도이죠. 이처럼 실업률 상승은 로봇의 도입율과 비례하지 않습니다. 실업은 다양한 원인에 의해 발생하는 복합적인 현상이기 때문이죠. 그러니 로봇에 실업에 대한 모든 책임을 묻는 건 너무하지 않나요?

한편 경제를 보는 시각을 좀 더 넓혀보면 로봇의 죄는 더욱 가벼워집니다. 경제가 발달해 나가다 보면 뜨는 직종이 있고 사라지는 직종이 있기 마련입니다. 예를 들어 기존 석탄 산업이 쇠락하고 새로운 에너지 산업이 나타나면서 탄광 노동자들은 다른 산업으로 일자리를 찾아 이동했습니다. 이처럼 4차 산업혁명의 시대라 불리는 지금도 산업 구조의 변화가 일어나고 있는 것으로 봐야 합니다. 여기에 로봇이 매개되어 있을 뿐입니다.

사람들은 대개 새로 얻는 것보다 잃어버리는 것에 더 민감하게 반응합니다. 가진 것을 지키고자 하는 본능이 있기 때문이죠. 그래서 로봇의 도입으로 사라지는 직종에 유독 흥분하면서, 새로운 직종의 등장에는 관심이 미치지 못하고 있습니다. 하지만 사라지는 일자리가 있듯이 생겨나는 일자리도 있다는 데 눈을 돌려보면 어떨까요?

기술의 발달과 함께 새로운 고용이 나타날 수 있다는 것은 이미 잘 알려진 사실입니다. 19세기 후반으로 돌아가 생각해봐도 기계가 인간의 일자리를 빼앗아간다는 이야기가 항상 맞는 건 아니라는 사실을 알 수 있습니다. 당시에도 기계를 다루는 수많은 일자리가 새로 만들어졌습니다.

예를 들어 노면 전차가 등장하면서 마부나 인력거꾼이라는 직업이 사라졌지만 전차 운전사라는 새로운 직업도 탄생했습니다. 기술이 더 발달하여 거리가 먼 도시 사이를 횡단하는 고속철도가 등장하고 난 이후에는 관광산업이 발달하고 지역 경제를 발달시켜 추가적으로 새로운 일자리가 생겨나기도 했지요.

따라서 로봇의 '노동자 대체 효과'만 볼 게 아니라 '고용 창출 효과'도 균형 있게 볼 필요가 있습니다. 국제로봇연맹은 로봇의 등장으로 인해 2011년부터 2016년까지 70만~100만 개의 일자리가 창출됐다고 설명했습니다. 물론 현재의 전망으로는 사라지는 일자리가 새로이 생겨나는 일자리보다 많다는 보고서가 대부분입니다. 하지만 인공지능AI, 사물인터넷IoT, 빅데이터 등 4차 산업혁명을 대표하는 최신 기술이 대거 도입되면 관련 기기를 다룰 노동 수요가 증가하면서 고용 창출 효과가 더 클 것이라는 낙관적 전망도 분명 존재합니다. 지금까지 존재한 적도 없던 인공지능 컨설팅 전문가나 사물인터넷 관리자, 빅데이터 자산 평가원 등의 일자리도 생겨날 수 있을 테지요.

무엇보다 중요한 것은 앞으로 어떤 일자리가, 나아가 어떤 산업이 새롭게 나타날지는 아무도 모른다는 사실입니다. 앞으로 경험하게 될 일자리 대부분은 아직 탄생하지도 않았습니다. 누가 100년 전에 프로그래머나 방송PD 같은 직업이 생겨날지 알았을까요? 앞으로도 기술이 발전해 나가면서 새로운 직업도 속속 등장할 것이기에 미래를 너무 암울하게 생각할 필요는 없습니다.

그럼에도 로봇의 도입으로 일시적으로 실직자가 늘어날 수는 있을 것입니다. 하지만 그 문제를 해결하기 위한 재원을 마련

"AI로 대량실직, 대안은 로봇세" 벌써 갑론을박

AI가 불러온 사회적 논쟁

지난해 3월 구글의 인공지능(AI) 프로그램인 '알파고'가 세기의 바둑 대결에서 이세돌 9단을 꺾은 후 스마트홈, 교통, 금융, 의료 등 생활 속으로 AI 서비스가 확산되고 있다. 하지만 AI가 사람을 대체하면서 대량 실직 사태가 발생할지도 모른다는 우려도 그만큼 커지고 있다. 정보통신기술(ICT)이 정보화·자동화 시스템과 만나는 '4차 산업혁명'이 다가오면서 대두된 사회적 고민이다. 로봇에 세금을 걷어야 한다는 주장이 나오면서 찬반 논쟁이 불거진 것도 이 때문이다.

대량 실직의 위협은 이미 현실에서 반영되고 있다. 인기 직종인 통번역사 지원자가 줄어드는 것이 대표적인 사례다. 올해 이화여대·중앙대·서울대 등 각 대학의 통번역 대학원 지원자는 작년보다 10%가량씩 감소했다. 통번역 전문 대학원은 매년 경쟁률 변화가 거의 없는 학과 가운데 하나라는 점을 고려하면 이례적이다.

한 통번역사는 "성능이 향상된 AI 통번역기가 등장하면서 통번역사라는 직업이 곧 사라진다는 우려가 높아지고 있다"며 "지난 20년간 국내 1위였던 통번역 입시 학원이 학생 수 급감으로 문을 닫기도 했다"고 말했다.

콜센터 모습도 변하고 있다. AI 기업 마인즈랩과 솔트룩스는 지난해 말부터 채팅이나 음성을 알아서 답해주는 AI 상담원을 은행과 보험사 콜센터에 구축하고 있다. 전화 한 통 상담사는 인간비 1500원이 들지만 AI 상담원은 150~500원이면 충분하다. 가격도 계속 낮아지고 있다.

AI 서비스, 생활 속으로 확산

통번역 대학원 지원자 줄어들고
콜센터는 AI 상담사 도입 시작

빌 게이츠 "로봇세로 소득 보전"
"첨단기술 발전에 제동" 지적도

실직 대안으로 로봇세를 징수해야 한다는 주장이 나오면서 이를 놓고 논쟁이 벌어지기도 했다. 로봇세 논란에 불을 지핀 것은 세계 최고 갑부로 꼽히는 빌 게이츠 마이크로소프트(MS) 창업자다. 그는 한 인터뷰에서 "고도의 자동화로 일자리를 잃은 사람들의 재교육뿐 아니라 보호가 필요한 노인과 아이들을 보살피는 일에 로봇세가 기여할 수 있다"고 강조했다. 로봇세를 도입해 업무 자동화로 인한 실직 속도를 늦추고 실직자들을 도울 재원을 마련하자는 얘기다.

로봇세는 오는 4월 대통령 선거를 앞둔 프랑스에서도 주요 이슈로 떠올랐다. 집권 사회당의 브누아 아몽 후보가 로봇세를 공약으로 내세웠다. 강경 좌파인 아몽은 "보편적 기본소득제 도입에 필요한 3000억유로(약 367조원)를 충당하기 위해 로봇세를 도입해야 한다"고 주장하고 있다.

국내에서도 지난해 로봇 세 도입 주장이 나왔다. 국회 입법연구모임인 '어젠다 2050'은 지난해 6월 "노동시장에서 인간을 대체하는 기계설비와 AI에 세금을 물리자"며 "기계 과세" 도입을 검토해야 한다는 의견을 발표했다.

어젠다 2050의 대표인 김세연 바른정당 의원은 "AI로 인한 인간의 소득 상실을 어떻게 보전할지에 대한 과제를 해결해야 한다"며 "로봇이 아닌 중앙처리장치(CPU) 용량 단위를 과세 표준으로 삼자"는 의견을 내기도 했다.

반대 목소리도 만만치 않다. 경제전문지 포천은 "빌 게이츠의 이상한 아이디어라는 제목의 기사에서 "로봇세에 대한 게이츠의 주장은 나쁘고 잘못된 생각"이라고 비난했다. 포천지는 "우리가 인간 노동자의 수입에 세금을 물리더라도 로봇자가 생산한 물건에는 세금을 부과하지 않는다"며 "생산한 물건에 대한 세금은 구매자가 내는 소비세로 해결된다"고 꼬집었다.

로봇세가 로봇과 관련한 첨단 기술 발전에 제동을 걸 것이라는 지적도 나온다. 기업들이 로봇세가 도입되지 않은 국가로 공장 시설을 옮길 가능성이 크다는 우려도 나온다.

유하늘 기자 skyu@hankyung.com

로봇세는 4차 산업혁명의 부작용을 치료해줄 특효약일까? 아니면 4차 산업혁명 자체에 제동을 걸 걸림돌일까? 로봇세라는 아이디어는 로봇의 보급으로 인한 인간의 피해를 보상해줘야 한다는 발상에서 나왔지만, 로봇 기술의 발전으로 우리가 경험해보지 못한 새로운 세상이 온다면 이런 보상의 필요성조차 사라질 수도 있다.(한국경제, 2017년 3월 14일)

하는 데 로봇세가 꼭 필요한 건 아닙니다. 일반적으로 기업이 부담하는 세금만 가지고도 충분히 가능한 일입니다. 왜냐하면 로봇의 도입으로 이윤이 늘어나면 기업이 내는 법인세 역시 자연스레 늘어날 것이기 때문이죠. 경제가 성장하면 굳이 새로운 세금을 만들지 않아도 세수는 늘어나게 돼 있습니다. 경우에 따라선 세율을 조정할 필요도 있겠죠. 하지만 로봇을 도입했다는 이

유만으로 세금을 부과하는 것은 관련 기술의 성장을 막고 생산성만 떨어뜨릴 뿐 사회에 도움이 되지 못할 것입니다.

요컨대 경제 발전의 동력이자 인간을 위한 편리한 도구로 로봇을 더욱 적극 활용해야지 로봇세를 부과하면서 로봇의 도입을 막으려는 방향으로만 가서는 안 됩니다. 이제 현대 사회에서 원하든 원하지 않든 로봇을 거부하며 살기는 어렵습니다. 분명 로봇을 필요로 하는 경우가 더욱 늘어나겠죠. 로봇, 나아가 모든 기술은 인간이 잘 활용해야 할 것이지 억지로 기술의 발전을 막는 것은 시대에 역행하려는 시도입니다. 이런 점에서 로봇세는 구시대적인 사고방식에 다름 아니지요. 오히려 오늘날에는 로봇 기술 발전을 위해 더 많은 자극과 격려가 필요하지 않을까요?

✚ 생각 플러스 ✚

로봇의 등장으로 인한 일자리의 변화는 4차 산업혁명을 둘러싼 논쟁에서 단골메뉴로 등장합니다. 미래에 로봇이 인간의 자리를 대신 차지할지 모른다는 두려움에 사람들은 로봇세라는 아이디어도 내놓았습니다. 한편으로 일자리를 잃은 사람이 창의적인 새로운 일자리로 충분히 이동할 수 있다면서 걱정과 불안을 접어두라고 하는 목소리도 있습니다. 과연 어떨까요?

창의적인 직종을 생각해볼 때 가장 먼저 떠오르는 게 예술 분야입니다. 그런데 창의적 예술 분야마저도 로봇이 차지한다면 어떻겠습니까? 잠깐 동안의 부푼 기대에 찬물을 끼얹은 것 같아 실망스럽기도 하겠지만, 실제로 소설과 시나리오를 쓰고, 음악을 작곡하고, 그림을 그리는 인공지능이 속속 개발되고 있습니다.

2008년 러시아에서는 인공지능이 쓴 『트루 러브True Love』라는 소설이 베스트셀러가 되었습니다. 2016년 수십 편의 영화 시나리오를 입력받은 인공지능 벤자민은 〈태양샘Sunspring〉이라는 시나리오를 썼으며, 이것이 9분 분량의 단편 SF 영화로 제작되어 화제가 되었습니다. 같은 해 일본 하코다테미래대학에서 만든 인공지능이 쓴 『컴퓨터가 소설을 쓰는 날』이라는 소설은 '호치 신이치 문학상' 1차 예심을 통과하기도 했습니다.

문학만이 아닙니다. 미국 예일 대학교에서 개발한 인공지능 쿨리타는 여러 음악을 입력받아 특정 규칙을 분석하고 음계를 조합하여 작곡을 합니다. 쿨리타가 작곡한 곡은 경력 있는 작곡가들이 들어도 흠잡을 데가 없는 수준이라고 합니다.

미술 분야도 예외가 아닙니다. 구글이 만든 인공지능 딥드림은 빈센트 반 고흐 등 유명 화가의 화풍을 학습받아 어떤 장면이든 몽환적인 추상화로 만들어냅니다. 딥드림이 그린 미술작품 29점은 9만7000달러(약 1억1090만 원)에 팔렸습니다. 한편 프랑스의 예술집단 '오비우스'는 14세기 이후 그려진 초상화 1만 5000점을 인공지능에 입력해 학습시켰습니다. 이 인공지능 컴퓨터가 그린 가상의 인물 초상화는 2018년 10월 미국 뉴욕 크리스티 경매에 출품돼 43만2500달러, 우리 돈으로 약 4억9000만 원이라는 거액에 팔렸습니다.

이쯤 되면 제 아무리 주관이 뚜렷한 사람도 혼란스러울 수밖에 없을 것 같습니다. 창의적 예술 작품을 만든 로봇에 대해서는 로봇세를 누구에게 어떻게 부과해야 할까요? 처음 로봇을 만든 제작자에게 부과해야 하는 것일까요? 또 로봇세를 부과한다면 그것은 인간의 일자리를 빼앗은 데 대한 보상이라는 명분을 내세울 수 있을까요?

한 가지 더 생각해볼 중요한 문제가 남아 있습니다. 만약 로봇에 일자리를 모두 넘겨준다면, 우리 인간의 존재 가치는 어디서 찾을 수 있을까요? 인간은 단지 여가 생활을 즐기면 그만일까요? 설령 정부가 모든 사람에게 넉넉히 살 만한 기본소득을 지급한다고 하더라도, 그런 삶이 바람직한 것이라고 말할 수만은 없을 것 같습니다. 게다가 인생에서 로봇이 창의적인 예술 분야도 차지한다면 인간은 대체 무엇을 할 수 있을까요? 로봇세가 어떤 방식으로 부과된다고 한들 인간의 가치는 흔들리는 것이 아닐까요? 의문이 끊이질 않습니다.

빅데이터의 소유권

데이터 제공자의 권리 VS 데이터 수집 기업의 권리

2012년 2월 『뉴욕타임스』에 「기업들은 어떻게 당신의 비밀을 파악하는가」라는 제목의 흥미로운 기사가 실렸습니다. 기사 내용은 이렇습니다.

미국의 한 남자가 대형 마켓에 와서 매우 화가 난 상태로 매장 관리자를 찾았습니다. 그는 자기 딸에게 우편으로 배달된 유아용품 할인쿠폰을 움켜쥐고 있었죠. 그는 "내 딸이 아직 고등학생인데, 그런 애한테 신생아 옷이랑 침대 쿠폰을 어떻게 보낼 수 있습니까? 애한테 임신하라고 부추기는 거요?"라며 항의했습니다. 매장 관리자는 무슨 말인지 영문을 몰라 우선 남성을 진정시키고 돌려보냈습니다. 나중에 발송된 우편물을 살펴보니, 거기에는 임산부 옷과 신생아용 가구 등의 제품이 미소 짓는 아기들 사진과 함께 들어 있었습니다. 관리자는 사과하기 위해 그 남자에게 다시 전화를 걸었습니다. 그런데 그는 좀 창피한 어투로 이렇게 말했습니다. "우리 집에서 내가 전혀 모르는 일이 일어나고 있었던 모양이에요. 딸애가 8월 출산 예정이라는군요." 딸이 부모 모르게 아이를 가졌던 것입니다. 아버지도 모르는 딸의 임신 소식을 마트는 어떻게 알고 신생아 용품 할인쿠폰을 보냈을까요?

비밀은 그 대형 마켓이 관리하던 고객 데이터에 있었습니다. 여고생이 냄새가 없는 로션과 임산부 옷을 구매한 기록을 근거로 신생아 용품 할인 쿠폰을 보냈던 것입니다. 대형 마켓의 마케팅 부서는 고객 데이터베이스를 활용해 임신중이라 예상되는 고객들에게 신생아 용품을 추천하곤 했습니다. 그 덕분에 마켓의 매출액도 크게 늘어났죠. 이처럼 소비자의 일상적인 구매 활동 데이터를 모아 잘 분석하면, 보다 효과적인 마케팅 전략을 세울 수 있습니다.

IT기술이 발달하고 인터넷이 또 다른 현실이 된 오늘날, 정보(데이터)는 무기이고 자산입니다. 인터넷의 발달로 인해 개인은 자신과 관련된 정보를 예전보다 쉽게 드러내고, 기업도 그 정보를 모으고 분석하여 새로운 정보를 만들어낼 수 있습니다. 사람들은 인터넷으로 연계된 일상생활을 하면서 자신이 의식하지 못하는 사이 엄청난 데이터를 생산하고 있지요. 구글에서 음악이나 도서 등 다양한 자료를 검색하고 페이스북에서 자기 취향의 게시물에 '좋아요'를 누르는 일상적인 활동이 모두 의미 있는 자원이 됩니다. IT 기업은 개인의 쇼핑 패턴, 주말에 즐겨 찾는 장소, 좋아하는 브랜드를 훤히 들여다볼 수 있으며 그런 데이터를 분석해 우리에게 최적화된 추천 서비스를 제공하고 있습니다.

그리하여 데이터의 활용은 거의 모든 산업 분야로 확장되었습니다. 은행들은 고객의 거래 데이터로부터 패턴을 추출하여 신용상의 문제가 발생하지 않도록 미리 도움을 주거나 고객들의 지출 성향에 맞는 금융상품을 내놓고 있습니다. 카드사들은 고객의 카드 사용 데이터를 그룹별로 나누어 구매 패턴을 파악하고, 패턴에 맞는 상품 정보를 제공하거나 할인 및 행사 정보를 제공함으로써 카드 사용률을 높이는 방법들을 사용하지요.

서비스업뿐만 아니라 농업이나 제조업에서도 데이터는 유용합니다. 다국적 종자업체 몬산토는 농부가 씨 뿌리고 농작물을 관리하며 수확하는 모든 과정에서 데이터를 추출하여 농작물 관리를 돕고 농부에게 시의적절한 비료나 농약을 구매하도록 제안합니다. 자동차 수리 업계에서는 차량 운행에 관한 데이터를 수집·분석하여 부품교환과 수리에 적절한 시기를 알려주고 할인행사를 알려주며 서비스센터를 방문해보라고 조언합니다.

이런 놀라운 변화를 경험하고 있는 이 시대를 '빅데이터 시대'라고 합니다. 빅데이터란 디지털 환경에서 생성되고 관리되는 방대한 규모의 데이터를 뜻합니다. 사람들은 모든 일상생활에서 데이터를 생산하고 있습니다. 인터넷을 검색하고, SNS를 쓰고, 신용카드를 사용하는 매 순간이 기록되어 어딘가에 저장되지요. 그렇게 쏟아낸 데이터의 양은 상상을 초월합니다. 인류가 하루에 생산하는 데이터의 양만 해도 무려 250경 바이트에 이를 정도인데, 최근 몇 년간 누적된 데이터의 양은 지금까지 인류가 생산한 정보의 양을 크게 뛰어넘는다고 하지요.

많은 기업들이 이런 빅데이터를 활용하여 수익을 창출하고 있습니다. 그래서 데이터는 '21세기의 석유'에 비유되기도 합니다. 데이터가 기업의 자본이 되는 시대가 온 것이지요. 이렇게 데이터가 자원으로 활용되어 경제적 가치를 지닌 것으로 여겨지면서 빅데이터에 대한 소유권 문제도 제기되고 있습니다.

논점은 이런 것입니다. 개인들의 일상 활동이 모두 데이터화되어 상업적으로 이용된다면, 그 데이터의 주인은 누구일까요? 정보를 생성하고 제공한 사람의 것이라고 주장하는 사람이 있는 반면, 정보를 수집하여 분석한 기업의 것이라고 주장하는 사람도 있습니다. 어느 관점이 더 적합할지 각각의 주장을 꼼꼼히 살펴봅시다.

데이터 제공자의 권리

빅데이터 시대의 원료 생산자에게 대가를

최근 몇 년 동안 IT 기업들이 세계 경제에서 급부상했습니다. 구글과 같은 인터넷 검색 사이트를 운영하는 기업, 페이스북처럼 SNS를 통해 성장한 기업, 그리고 아마존과 같이 인터넷 상거래를 주도하는 기업이 서로 연계되어 대규모 시장을 구축하고 있지요. 이들 기업의 공통점은 '플랫폼'을 만든다는 것입니다.

플랫폼은 본래 기차역에서 기차가 들어올 때 승객들이 기다리는 승강장을 지칭하지만 오늘날에는 다양한 의미로 해석되고 있습니다. 특히 어떤 특정한 시스템의 기본 틀로서, 교류와 거래가 일어나는 중심지를 의미하기도 합니다. 인터넷 세상의 플랫폼을 구축하게 되면, 그 플랫폼을 통해 사람들이 주고받는 데이터를 손에 넣을 수 있습니다. 데이터 세상을 지배할 수 있게 되는 거지요. IT 기업들이 성장할 수 있었던 배경에는 이런 비결이 있었습니다.

구글은 검색 플랫폼을 통해 데이터를 모으고, 페이스북은 SNS 플랫폼을 통해, 그리고 아마존은 전자 상거래 플랫폼을 통해 데이터를 모읍니다. 그리고 그 데이터를 바탕으로 최적화된 서비스를 제공합니다. 서비스의 질이 훌륭한 만큼 더 많은 사용자가 찾게 되며, 그만큼 데이터를 더 수집할 수 있고, 덕분에 서비스의 질도 향상됩니다. 그렇게 성장의 수레바퀴가 굴러가지요. 2016년 구글의 연간 매출액은 1360억 달러(약 136조 원), 아마존은 900억 달러(약 90조 원), 페이스북은 270억 달러(약 27조 원)를 넘어섰습니다.

그런데 생각해봅시다. IT 기업들이 다루는 '원료'는 데이터라고 할 수 있습니다. 하지만 그들은 플랫폼을 구축할 뿐 직접 데이터를 만들어내지 않습니다. 그들에게 데이터를 제공하는 것은 바로 사용자인 우리 모두죠. 사람들은 매일 먹고 일하고 놀면서 데이터를 생산합니다. 웹페이지에 링크를 달거나 궁금한 것을 검색하고, 블로그나 SNS에 글을 올리고, 온라인 쇼핑몰에서 물건을 구매하는 행위들이 모두 데이터로 활용되고 있습니다. 스스로 친구들과의 관계 정보를 늘어놓으며, '좋아요'를 누르거나 특정 요청을 수락하며 우리의 감정이나 정서 및 욕구를 표출하는데, 이 모든 정보들은 정해진 알고리즘에 따라 이용 가능한 데이터로 전환됩니다. 사용자 한 사람 한 사람의 클릭 행위는 모두 구글과 페이스북, 아마존의 서버로 흘러들어 갑니다. 개인의 인터넷상 활동에서 만들어지는 데이터를 IT 기업은 단지 거둬들이고 있을 뿐입니다. 빅데이터 시대에는 개인의 활동 그 자체가 기업의 자산이 되고 가치를 만들어낸다고 볼 수 있지요.

일반인들이 생산하는 데이터는 빅데이터 시대의 핵심 자원입니다. 말하자면 원본 데이터는 밀알과 같은 것입니다. 농부들이 밀을 생산하지 않으면 밀가루를 만들 수 없고 빵을 만들 수도 없지요. 물론 밀이 밀가루가 되고 나아가 빵이 되면서 가치가 전과 달리 크게 늘어납니다. 그래서 가격도 차이가 나지요. 하지만 비록 밀의 가격이 밀가루나 빵의 가격에 못 미치더라도 밀이 가장 기본적인 자원이라는 것은 의심할 여지가 없습니다. 밀 없이는 제분업자와 제빵업자는 수익을 낼 수 없는 것이지요. 원본 데이터도 마찬가지입니다. 일반 사람들이 만들어내는 개별 데이터들은 IT 기업에게는 없어서는 안 될 중요한 자원입니다.

밀농사를 짓는 농부의 기여가 인정되듯이, 사람들의 데이터 생산 행위도 제대로 인정받을 수 있어야 하지 않을까요? 농부가 씨를 뿌리고 물을 대고 잡초를 뽑으며 수고스럽게 밀을 재배한 덕분에 제분업자는 그 밀을 가져다 가공하여 밀가루를 만들고 제빵업자는 다시 빵을 만들어 수익을 얻을 수 있습니다. 빅데이터 경제의 경우도 이와 같습니다. 제빵업자가 빵을 만드는 기술이 아무리 좋아도 밀가루 없이는 안 되는 것처럼, 데이터를 수집하여 분석하는 기술력이 아무리 높아도 원본 데이터 없이는 그러한 일을 수행할 수 없습니다. 데이터를 생산하는 행위가 보잘 것없어 보여도 그것 없이 IT 기업은 수익을 내기는커녕 생존할 수도 없는 거지요.

데이터를 자원으로 본다면 이 자원을 생산해내는 활동은 노동으로 봐야 할 것입니다. 그런데 데이터 생산 노동은 산업사회에서 행하던 기존의 노동과는 차이가 있습니다.

먼저 생산 현장에서 차이가 납니다. 산업사회에서는 공장에서 공산품을 생산했지만 빅데이터 시대에는 일상생활에서 데이터를 생산하지요. 공장과 토지가 생산 현장이었던 시대는 가고, 생활의 모든 영역이 데이터를 생산하는 작업장이 되는 시대가 온 것입니다. 빅데이터 시대에는 개인들의 행동 하나하나가 데이터를 생산한다고 말할 수 있습니다. 존재하고 활동하는 그 자체만으로도 경제적 가치를 생산하고 있는 것이지요.

생산 관계에서도 차이가 있습니다. 산업사회에서 노동자는 기업가에 고용되어 생산 활동을 했습니다. 하지만 빅데이터 시대의 일반 사람들은 어느 특정 기업에 고용되어 있지 않으면서 데이터라는 자원이자 하나의 상품을 생산하고 있습니다.

산업사회 노동자는 정해진 시간에 출근하여 퇴근할 때까지 일을 했지만, 인터넷 사용자는 정해진 시간 없이 언제 어디서라도 데이터를 생산합니다. 노동시간과 여가시간이 따로 있는 게 아니죠. 노는 것과 쉬는 것도 데이터를 생산해내는 노동이 될 수 있습니다. 사람들은 자신이 노동을 하고 있다는 생각을 하지 못한 채 IT 기업의 수익을 늘려주는 노동을 하고 있는 것입니다.

그래서 미국의 진보저널 『자코뱅Jacobin』은 2017년 4월 14일자 기사 「빅데이터에 숨겨진 노동」에서 "인터넷 사용자들이 IT 기업을 위해 엄청난 공짜 노동을 하고 있다"고 지적했습니다. 데이터 생산에 대한 대가를 받지 못하니 공짜 노동이라는 거지요.

데이터의 본 소유권은 데이터를 생산해낸 개인에게 있습니다. 개인들이 일상적인 활동에서 데이터를 생산하는 일은 IT 기업이 필요로 하는 원료를 생산하는 것이라 볼 수 있습니다. 또 기업이 개별 데이터를 가져다 가공해 활용하는 것은 제분업자가 생산하는 농부에게 밀을 사들여 밀가루를 만드는 행위와도 다르지 않습니다. 그렇다면 밀을 살 때 돈을 지불하듯이 원료가 되는 개별 데이터를 생산하는 개인들에게도 값을 지불해야 마땅합니다.

공짜 데이터로 큰 수익을 얻는 기업들

물론 IT 기업들은 데이터를 수집할 때 강제로 가져간 게 아니라 제공자의 동의가 있었고, 금전적으로 대가를 지급하지는 않지만 서비스 제공으로 충분한 보답을 했다고 말합니다. 하지만 좀 더 자세히 살펴보면 이것이 데이터 제공자의 데이터 소유권을 인정하여 그 대가를 지급하려는 차원에서 이뤄진 게 아니라는 걸 어렵지 않게 알 수 있습니다.

여러분들도 인터넷 서비스를 많이 활용하고 있을 겁니다. 이메일을 보내고 온라인으로 상품을 구매하기도 하겠지요. 그런데 그런 서비스를 이용하기 위해서는 먼저 회원 가입을 해야 합니다. 그때 항상 체크하는 부분이 있습니다. 개인정보 제공 동의서라는 거지요.

인터넷 서비스 회사가 이렇게 개인정보 제공에 대한 동의 여부를 매번 묻는 것은 사실입니다. 하지만 이걸 가입자들에게 선택의 자유를 줬다고 할 수 있나요? 만일 개인정보 제공에 동의하지 않으면 어떠한 서비스도 이용하기 어렵습니다. 가입자들은 서비스를 이용하기 위해 어쩔 수 없이 정보 제공에 동의한다는 칸에다 체크를 하게 됩니다. 기업들은 "서비스를 이용하는 대신 데이터를 제공하기로 하지 않았느냐"는 입장이지만 가입자들에게는 선택의 여지가 없었다는 얘기입니다. 사실상 개인정보 제공을 강제하고 있다고 봐도 과언이 아니지요.

따라서 그것은 진정한 의미의 동의라고 할 수 없습니다. '개인정보 수집 및 동의' 상자에 체크하는 것만으로 기업이 개인 데이터에 관한 모든 권리를 넘겨받는 건 일종의 꼼수인 셈이지요.

기업은 개인정보의 제공 동의를 유도하여 수집된 개인정보로 막대한 돈을 버는데, 데이터 제공자는 그 같은 사실을 잘 알지 못합니다. IT 기업이 제공하는 서비스를 공짜로 이용할 수 있다는 데만 만족하죠. 개인정보를 제공하는 것도 서비스를 제대로 이용하기 위해 필요한 일로 이해합니다.

실제로 IT 기업은 최적의 서비스를 제공할 목적으로 이용자의 데이터를 분석한다고 주장해왔습니다. 물론 사실이기도 합니다. 이용자를 알지도 못하는데 서비스를 제공할 수는 없겠죠. 하

IT기술이 발전하고, 관련 산업이 성장을 계속하면서 데이터의 중요성은 점점 커지고 있다. 사람들은 인터넷 서비스를 이용하며 자신도 모르는 사이에 상업적으로 유용한 정보를 생산해낸다. 이 개인정보 데이터에 대한 권리가 누구에게 있는지를 놓고 논쟁이 가중되고 있다.(시사인, 2019년 12월 3일)

지만 IT 기업이 필요한 서비스를 제공하려는 목적으로만 개인정보를 활용하는 것은 아닙니다. IT 기업은 개인정보를 다른 상업적 용도로 사용하는 경우가 있고 이것이 수익을 창출하는 데 결정적인 기여를 합니다.

　『뉴욕타임스』가 2018년 12월 18일에 보도한 내용에 따르면, 페이스북은 지난 2010년 이후 주요 IT 기업들과 가입자 정보를 공유했다고 합니다. 150여 개 업체와 정보 공유 파트너 계약을 맺는 방식으로 광범위하게 가입자 개인정보를 넘겼다는 것입니다. 여기에 포함된 어떤 한 기업의 앱은 한 달에 수억 명의 페이스북 사용자 데이터를 정리해 수집할 수 있었다고 합니다. 이런 식으로 페이스북은 파트너 기업들에게서 광고 수익을 나눠 받았고, 파트너 기업들은 페이스북 가입자 정보를 활용해 자사 제품을 효과적으로 홍보할 수 있었습니다. 이 사례는 개인정보가 IT 기업의 가장 큰 돈벌이 수단이 된다는 것을 아주 잘 보여주고 있습니다. 다른 사람들이 제공한 정보를 이용해 자신들의 배만 불린 것이지요.

IT 기업들은 이용자의 개인정보를 다른 곳에 제공할 수 있다는 사실을 미리 알렸기 때문에 문제될 게 없다고 말하곤 합니다. 하지만 그 정보를 상업적으로 이용하여 '수익을 낼 수 있다'는 사실을 알리지는 않습니다. 또 이용자 덕분에 얼마만큼의 수익이 늘었다고 공개하지도 않습니다. 주주의 투자로 운영되는 주식회사에서 경영진은 주주총회를 통해 경영 성과를 알리곤 합니다. 그리고 수익이 남으면 그 수익을 주주에게 배당하기도 합니다. 개별 데이터 제공자가 주주와 같지는 않겠지만, IT 기업의 수익 창출을 위한 자본을 제공한 것은 사실입니다. 데이터야말로 IT 기업의 자본이니까요. 하지만 IT 기업은 정작 자신에게 자본을 제공해준 이용자에게 아무런 대가를 지불하지 않고 있습니다. 부당한 대우가 아닐 수 없지요.

앞서 제시한 밀농사를 짓는 농부 얘기로 돌아가서 말하자면, 농부는 밀가루와 빵의 원료가 되는 밀을 생산하고도 그에 대한 대가를 받지 못한 채 제분업자와 제빵업자의 수익만 늘려주고 있는 셈입니다. 제분업자와 제빵업자가 밀을 공짜로 가져다 쓰는 것이 부당한 것처럼, 데이터를 공짜로 가져다 이용하는 것도 부당한 일입니다. 데이터 제공자에게는 적절한 대가가 주어져야 합니다.

거래에서 정당한 값을 지불해야 한다는 건 시장 경제의 기본 원리이기도 합니다. 빅데이터 시장도 마찬가지입니다. 즉 이용자가 제공하는 데이터를 생산품의 원재료로 취급하고, 그것을 사용하는 대가를 지급할 때 시장질서도 바로 세워질 겁니다.

나아가 데이터 제공자에 대가를 지불하는 것은 IT 산업에 대한 그들의 기여를 인정한다는 의미가 있습니다. 우리는 흔히 IT 기술이 놀라운 발전을 이룬 것을 보고는, 똑똑한 기술 개발자들과 첨단기업들이 일군 성과로만 생각하곤 합니다. 그리고 그들 '덕분에' 세상이 편리해졌다고 감탄을 하죠. 하지만 밀농사를 짓는 농부가 있어야 밀로 만든 모든 음식을 우리가 먹을 수 있게 되듯, 애초에 데이터를 생산한 사람들이 있기에 우리는 편리한 서비스를 누릴 수가 있는 겁니다. 데이터의 본래 주인을 찾아 대가를 지불함으로써, 우리는 우리 모두의 일상적 행위가 사회 발전을 일궈낸다는 사실을 깨달을 수 있지요. 그래서 사실 데이터 제공자의 데이터 소유권을 지지하는 주장은 다양한 곳에서 작지만 소중한 데이터를 생산하는 사람들을 존중하려는 의도도

담고 있습니다.

 ## 데이터 수집 기업의 권리

데이터가 산더미라도 꿰어야 보배다

사람들이 인터넷을 이용하고 데이터를 남긴 지는 오래됐지만 빅데이터라는 개념이 처음부터 있었던 것은 아닙니다. 대부분의 인터넷 기록은 의미 없이 서버 용량만 차지하는 데이터 더미로만 존재했습니다. 어떻게 보면, 사람들의 활동 후에 남는 쓰레기와 비슷한 것이었죠. IT 기업들은 언젠가부터 그러한 사람들의 단순한 생활 데이터를 수집하고 저장하여 패턴을 파악하기 시작합니다. 이 일이 수행된 이후에 비로소 놀라운 일이 벌어집니다. 사람의 행동을 예측하고, 그런 예측을 마케팅에 활용하여 수익을 올릴 수 있게 된 거지요. 이 전체 과정에서 가장 중요한 변화는 기업이 데이터를 축적하여 분석한 이후에 나타납니다. 물이 흐르듯 자연스럽게 디지털 세상이 돌아가는 것 같아 보여도 실제 기업이 물꼬를 열어주지 않았으면 그 흐름은 원활하지 못했을 것입니다.

빅데이터 시대는 IT 기업이 이끌었습니다. 데이터가 생성될 수 있는 환경 자체를 IT 기업이 만든 것입니다. 구글 지도가 없었다면 누가 장소를 인터넷으로 검색하고 관련 정보를 올릴 수 있었을까요? 온라인 쇼핑몰이 없었다면 개인의 쇼핑 패턴도 그렇게 상세하게 수집될 수 없었을 겁니다. 플랫폼을 만들어놓으니 개인들이 그 위에서 숱한 데이터를 생산해낼 수 있었던 것입니다. 물론 개별 데이터 하나하나가 소중하기는 합니다. 그런데 모이지 않은 데이터는 의미가 없습니다. 밀의 비유를 들자면, 들판에서 자란 밀은 수확해야 의미가 있을 텐데, 인터넷 세상에서 데이터를 수확하는 건 개인이 아니라 기업입니다.

나아가 데이터를 모은 것만으로도 부족합니다. 창고에 많은 곡물을 쌓아놓기만 해서는 새로운 가치를 만들어낼 수 없습니다. 곡물로 가득한 창고를 보면 마음이 흐뭇할 수는 있겠지만 곡물이 창고에서 썩어만 간다면 오히려 관리 비용만 늘어날 뿐이겠죠. 비용을 들여 곡물을 모으는 것도 쉽지 않은 일이지만 더 나아가 그 곡물들을 필요로 하는 곳에 적절하게 배분해야 합니다. 그런 작업은 곡물을 모으는 일과 또 다른 능력이 요구되지요. 데이터도 마찬가지입니다. 수집한 데이터를 체계적으로 분석해서 유용한 정보를 끌어내는 게 중요합니다.

IT 기업이 활용하는 데이터는 고도의 분석 작업을 거침으로써 처음 모은 데이터와 완전히 다른 수준의 고급스런 정보가 됩니다. 다양한 종류의 데이터가 풍부하게 있더라도 이를 적절하게 가공·분석하지 못한다면 아무 소용이 없습니다. "구슬이 서 말이라도 꿰어야 보배"라는 속담이 있듯이, IT 기업은 개별 데이터를 모으고 연결하여 보물과 같은 가치를 만들어냈습니다. IT 기업이 다루는 데이터는 완전히 새로운 것입니다. 개인이 지닌 원본 데이터보다 기업이 만들어낸 데이터가 더욱 값진 것이지요.

이와 관련하여 정보와 지식의 차이도 생각해볼 수 있습니다. 개별 데이터는 아무리 모아봤자 아주 단순한 정보에 불과합니다. 그것만으로 지식이 될 수 없죠. 하지만 그 정보를 모아 연결하고 분석할 때 비로소 지식이 될 수 있습니다. IT 기업은 흩어진 정보의 바다를 헤집고 다니며 지식을 창출한 것입니다. 이런 지식은 원천 데이터와 구별되는 것이며, 따라서 그 주인은 기업이라고 할 수 있지요.

버려지는 데이터를 가치 있는 지식으로

이렇게 새로운 지식을 창출했기에 IT 기업이 성장할 수 있었습니다. 이러한 과정에서 강압이나 속임수 같은 건 전혀 없었습니다. 원료가 되는 개별 데이터들은 사용자들이 인터넷을 사용하며 자연적으로 생성하고 그냥 흘려버린 것들이 대부분입니다. 이를테면 사람들은 자신에게 필요한 걸 찾으려고 구글에 검색을 하죠. 페이스북에서 사용자들이 '좋아요' 버튼을 누르는 행위 역시 개인의 취향을 자발적으로 드러낸 것에 불과하고요. 그리고 그것은 아주 단순한 반응입니다. 어떤 일을 보고 눈을 깜박거리거나, 웃거나, 인상을 찡그리는 정도의 행위라는 겁니다. 그래서 애초에 개인이 전혀 관심을 두지 않았던 것이지요. 하지만 IT 기업은 사용자들이 자발적으로 흘린 그 사소한 것들을 소홀히 다루지 않았습니다. 이처럼 남들이 하찮게 여겼던 것을 소중히 여긴 IT 기업의 성실한 자세가 혁신을 일으켜 빅데이터 시대를 연 것입니다.

IT 기업은 개인이 무심코 생성한 정보를 수집하여 전혀 새로운 가치를 지닌 데이터로 재탄생시킵니다. 그것은 수많은 연결고리를 만들어 찢고 붙이기를 거듭하는 방법으로 진행됩니다. 사람들이 인터넷에서 어떤 제품에 대해 보인 단순한 반응을 나이와 성별 등의 자료와 묶고, 다른 사이트나 SNS에서 발견되는 취향과 또 다시 묶어 완전히 새로워진 정보를 만들어내는 것이지요.

이런 점에서 IT 기업은 일종의 업사이클링up-cycling 기업이라 할 수 있을 것입니다. 업사이클링은 개선upgrade과 재활용cycling의 합성어인데, 버려지는 페트병으로 옷을 만들고 현수막으로 가방을 만드는 등의 행위를 가리킵니다. IT 기업은 마찬가지로 개인이 버린 단순 정보를 재활용하여 상품성 있는 정보로 개선시키는 것이죠.

업사이클링 기업이 버려진 페트병을 재활용하여 수익을 냈다고 해서, 그것을 문제 삼을 수 있을까요? 또 자신이 버린 것들로 수익을 창출했다고 해서 그 업사이클링 기업에 찾아가 대가를 지불하라고 요구하는 게 말이 될까요? 데이터 제공자에게 소유권이 있다고 주장하는 건, 버려진 정보를 재활용하여 가치를 증대시켰더니 느닷없이 나타나 본래 자신의 소유였으므로 되돌려달라고 떼쓰는 것이나 다름없습니다. 이것은 사회적으로 유용한 가치를 생산하는 IT 기업의 성장을 시기하거나 또는 발목 잡으려는 행위입니다.

만일 데이터 제공자의 소유권을 인정한다면 IT 기업은 그 데이터 제공자를 찾아야 합니다. 이는 업사이클링 기업에게 처음 페트병과 현수막을 버린 사람들을 찾아 나서도록 요구하는 것과 같습니다. 하지만 모든 게 연결되어 있는 인터넷 세계에서 특정한 개별 데이터를 가려내고 그 가치를 측정하여 대가를 지급하는 건 현실적으로 거의 불가능한 일입니다.

또한 빅데이터는 데이터들이 거대하게 모여 있을 때 가치가 발생하는 건데, 빅데이터를 구성하는 데이터 하나하나의 가치는 어떻게 측정해야 할까요? 게다가 유용하게 활용될 수 있는 데이터와 정말로 쓸모없는 데이터가 있을 텐데 그 구분은 어떻게 해야 하나요? 사실상 방법이 없습니다.

만약 이 모든 비현실성을 무시하고 데이터에 비용을 지급한다고 해도, 그것은 사회적으로 전혀 무익한 일이 될 것입니다.

데이터의 수가 워낙 많아 기업이 부담해야 할 비용이 만만치 않을 텐데, 그러면 데이터를 수집하여 분석하려는 노력은 자연스럽게 줄어들게 되겠지요. 이것은 궁극적으로 빅데이터에 기초한 혁신을 훼손할 수 있습니다.

데이터를 거래하면 신뢰도가 떨어진다

나아가 IT 기업이 데이터 제공자에게 데이터 값을 지불한다면 데이터가 자연스럽게 생성되지 않는 문제가 생길 수도 있습니다. 데이터가 시장에서 사고파는 상품이 된다면 데이터의 신뢰도는 급격히 추락할 수밖에 없습니다. 데이터 생산 공장이 생겨나고 데이터가 누군가의 의지에 따라 조작되어 생산될 수 있기 때문이지요. 근거 없는 의심이라고요? 아닙니다. 현실에서 실제로 발생하고 있는 문제입니다.

실제로 데이터를 의도적으로 생산하는 공장이 운영되고 있습니다. 이른바 '클릭 공장'이지요. 영국 『가디언』의 보도에 따르면, 빈곤국 방글라데시에서 선진국 기업의 마케팅 수요에 맞춰 페이스북 '좋아요' 클릭 수를 늘려주는 이른바 '클릭 공장'이 번성하고 있다고 합니다. 스마트폰이 대중화돼 인터넷 사용이 폭발적으로 늘어나면서 기업은 페이스북·트위터·유튜브 등에서 사람들의 클릭 횟수를 늘려 제품을 홍보하고 판매를 늘리려는 마케팅 전략을 세우게 되었습니다. 방송에 값비싼 광고를 내는 것보다 클릭 수와 조회 수를 끌어 올려 SNS에서 '핫'한 게시물로 만드는 게 매출액을 늘리는 데 더 유리하다고 판단하는 것이죠. 그래서 기업들은 개발도상국의 클릭 공장에 의뢰해 소비자들의 평가를 손쉽게 조작하고 있습니다.

이를테면 페이스북은 가입에 본인 인증 절차가 없어서 얼마든지 '가짜 계정'을 만들 수 있고, 이런 가짜 계정을 통해 특정 게시글에 호감을 표시하는 '좋아요'를 폭발적으로 늘려 주목도를 높일 수 있습니다. 이 같은 점을 이용하여 특정 상품에 대한 가짜 데이터가 만들어지고 있습니다. 신문에 보도된 방글라데시의 클릭 공장에서는 약 2만5000명의 인력을 동원하여 1달러당 페이스북 '좋아요' 1000개를 만들어내고 있다고 합니다.

거짓된 클릭 횟수를 늘리는 건 어려운 일이 아닙니다. 단순 작업인 탓에 노동자에게 주어지는 임금은 적을 수밖에 없습니다. 기업은 적은 비용으로 다량의 거짓 정보를 만들어낼 수 있는 거지요. 페이스북의 '좋아요'뿐 아니라 유튜브 영상의 조회수나 트위터의 팔로워 숫자도 마찬가지로 클릭 공장에서 값싸게 생산될 수 있습니다.

클릭 공장은 데이터가 경제적 가치를 지니면서 등장한 것입니다. 그런데 만일 개별 데이터에 가격표를 붙이게 되면 클릭 공장에 취업하지 않고도 누구나 스스로 데이터를 생산하여 용돈을 벌거나 아예 그것으로 생계를 이어가려는 사람들도 나타날지 모르지요. 사람들은 특별한 일이 없으면 여가 시간을 활용하여 데이터를 생산하려 할 것입니다. 길을 걷다가, 혹은 버스를 기다리다가 그리고 지하철에서도 어렵지 않게 소득을 얻을 수 있을 것입니다. 인터넷에 기록이 남는 활동은 뭐든 데이터가 되니, 무의미한 검색·클릭·게시물 등이 엄청나게 늘어나겠지요.

지금도 SNS 게시물의 클릭 횟수를 늘려주는 업체가 성업중인데, 데이터 생산이 수익성 있는 활동이 된다면 데이터의 왜곡이 극심해질 겁니다. 그러면 사람들의 진짜 취향과 행동을 알기 어려워지겠죠. 빅데이터가 각광받는 것은 정확한 예측과 분석을 할 수 있게 해주기 때문인데, 이렇게 원천 데이터부터 왜곡된다면 당연히 정보의 신뢰도는 무너질 겁니다.

본래 정직한 데이터는 다양한 분야에서 개인과 사회에 유용한 정보를 제공해왔지만, 데이터 자체가 왜곡되면 도리어 폐해만 발생할 겁니다. 자동차 기업은 제대로 된 운전 데이터를 수집하지 못하니 안전 운행을 위한 시스템을 만드는 데 실패하고, 카드회사와 은행은 제대로 된 소비 패턴 데이터를 받지 못하니 개인 자산 관리에 대해 적절한 조언을 해주지도 못할 테죠. 병원이 잘못된 데이터에 근거해서 건강 관리 프로그램을 만든다면, 그 폐해는 또 얼마나 클까요?

이처럼 기업에 제공된 데이터에 왜곡이 발생하면 개별 사용자에게 유용한 서비스를 제공할 수 없을 뿐만 아니라 사회적 해

돈 받고 '좋아요' 판매한 '팔로워공장' 파문

"페이스북이나 트위터에 팔로워 1명 늘리는 데 10원만 내세요."

온라인에서 인기인이 되고 싶은 이들에게 돈을 받고 팔로워 수를 늘려주는 서비스 얘기다. 미국의 SNS(소셜네트워크서비스) 팔로워공장 드부미는 이 사업으로 거액을 벌었다. 연예인, 스포츠스타, 유명인, 정치인들도 수백만의 팔로워를 늘려달라고 요청했다. 드부미의 성공비결은 '진짜' 같은 가짜. 진짜처럼 보이는 계정을 만들기 위해 누군가의 사진, 이름 등 프로필을 도용해 불법행위를 했다.

◇팔로워 1만명 늘리는 데 6만8000원
…트위터의 15%는 가짜 계정이 차지
28일(현지시간) 뉴욕타임스에 따르면

드부미, 가짜 계정으로 사업
1만명 늘리는데 비용 7만원
개인정보 5만여건 무단도용
대선 여론전에도 사용 논란

드부미가 최근 1년간 판매한 가짜 트위터 계정만 2억개, 이를 구매한 고객은 3만9000여명에 달한다. 이 회사가 이 기간에 벌어들인 돈만 600만달러(약 64억원) 이상인 것으로 드러났다.

문제는 이런 팔로워공장이 만드는 가짜계정이 누군가의 개인정보를 도용해 생성된다는 것이다. 지금까지 개인정보를 도용당한 사람이 5만5000여명에 달한다. 가짜계정은 이미 주요 SNS 계정의 상당수를 차지한다. 트위터는 전체 이용자의 15%인 4800만개 계정이, 페이스북은 6000만개 계정이가짜인 것으로 조사됐다.

드부미의 고객은 20만명 넘는 것으로 추정된다. 영향력은 미국에만 머물지 않는다. 중국 언론 신화는 드부미로부터 수천 개 가짜 트위터 팔로워를 구매해 정책 선전 수단으로 이용했고 에콰도르에서는 대선 여론전을 가짜 트위터 계정으로 펼쳤다.

◇가짜 팔로워 만드는 드부미의 '허상'=가짜 팔로워를 구매한 이들이 이를 금전창출의 수단으로 이용하면서 경제를 왜곡한다는 지적도 제기된다.

기업인은 많은 팔로잉 수를 고객의 신뢰도를 높이는 수단으로 하고 수십만의 가짜 팔로워를 보유한 유튜브 스타는 광고 수익을 부당하게 챙기기도 한다.

드부미 자체도 허상이다. 이 회사 홈페이지에 기재된 뉴욕 맨해튼의 본사 주소는 거짓이다. 드부미는 플로리다주 동남부 웨스트팜비치의 한 작은 벽 시칸레스토랑 위층을 빌려 쓰고 있다. 창립자 저먼 칼라스 역시 이곳 근처에 산다.

그는 온라인에 "투자자 없이 수천 달러로 사업을 시작했다"고 소개했다. 2014년 온라인에 올린 그의 이력서는 2000년 프린스턴대학교서 물리학 학사를, MIT에서 컴퓨터과학 박사학위를 취득했다고 기재됐다. 물론 칼라스는 2000년 10세였으며 MIT에 다닌 적이 없다.

강기준 기자 standard@

인터넷에서의 화제성이 중요해지면서, 조회수나 좋아요 수를 조작하는 경우를 심심치 않게 보게 된다. 포털 사이트에서 특정 검색어를 상위에 올리려는 조작이나, 음원 사이트에서 음원 순위를 높이는 조작도 같은 종류다. 이러한 조작은 사람들의 진짜 취향과 선택을 가려버려 데이터의 신뢰성을 하락시킨다.(머니투데이, 2018년 1월 30일)

악까지 발생할 수 있습니다. 데이터 기반 사회에서는 데이터를 축적하여 새로운 지식을 만들어내는데, 만일 데이터를 신뢰할 수 없으면 데이터에 기초한 사업이나 정책에도 혼선이 빚어질 수밖에 없겠지요.

따라서 개인에게 데이터의 소유권을 인정해주는 건 신중해야 합니다. 특히 누구에게 소유권을 주느냐에 따라 관련 주체들의 행동이 달라질 수 있다는 점을 염두에 두어야 할 것입니다. 개인에게 데이터에 대한 경제적 소유권을 인정하면 사람들은 (무의미한 것이더라도) 데이터 생산 활동을 늘릴 것이고, 기업의 소유권을 인정하면 수집 및 분석 활동을 늘릴 것입니다. 과연 어떤 선택이 사회적으로 더 유용한 결과를 가져올 수 있을까요?

여기에 분명한 점이 한 가지 있습니다. 데이터 제공자의 데이터 소유권은 당장 그 제공자에게 이익을 주지만 빅데이터의 왜곡으로 인해 개인에게 돌아가는 편익도 결국에 줄어들게 될 것이라는 점입니다. 하지만 기업에 권리가 인정되면 기업은 더 폭넓은 수집과 더 정확한 분석을 하려고 할 것입니다. 물론 자신들의 수익을 위한 활동이지만, 궁극적으로 개인이나 사회에게 돌아가는 편익도 더 커지겠지요. 빅데이터에 기초한 사회가 사회적으로 유용한 것을 지속적으로 창출하도록 유인하기 위해서는 수집·분석 활동을 장려해야 합니다. 그러기 위해서는 IT 기업이 데이터를 자유롭게 이용할 수 있도록 해야 합니다.

✚ 생각 플러스 ✚

데이터 소유권 논쟁은 개인과 기업 간의 다툼으로 보입니다. 개인 소유권은 데이터 기반 사업을 흔들고, 기업 소유권은 데이터 제공자의 이익을 침해한다는 견해가 팽팽하게 맞서고 있습니다. 빅데이터 산업이 본격적인 성장을 시작한 만큼 소유권에 대한 충분한 논의를 통해 균형 있는 합의를 이끌어내야 합니다. 그런데 그 합의가 어렵다면 어떻게 해야 할까요? 다른 대안도 생각해봤으면 합니다.

먼저 개인이나 기업이 아닌 사회적으로 소유권을 갖는 것도 하나의 방법일 것입니다. 사회는 개인들이 생활하며, 기업들이 이윤 활동을 하는 공간입니다. 또한 데이터는 사회적으로 유용한 것이니 사회적 소유가 뜬금없는 얘기는 아닐 겁니다.

그런데 사회적 소유권은 주체가 불명확할 수 있습니다. 사회가 권리를 갖는다면 누가 데이터를 관리해야 하나요? 데이터 관리를 위한 일종의 사회적 협의 기구를 만들어야 할 텐데 그것은 어떻게 구성될 수 있을까요? 사회적 협의 기구의 결정은 개인이나 기업보다 신뢰할 수 있을까요?

나아가 정부가 개인의 데이터를 관리하는 방법도 고려해볼 만합니다. 실제로 중국은 개인과 기업의 빅데이터 소유권 다툼에서 한 발 더 나아가 '빅데이터 주권'을 주장하고 나선 일이 있습니다. "중국에서 발생한 데이터는 중국 내 서버에 저장해야 하고 해외에 데이터를 보내려면 미리 중국 정부의 허가를 받아야 한다"는 내용의 법안을 통과시킨 것입니다.

정부가 데이터를 이용해 할 수 있는 많은 유익한 일들이 있습니다. 예컨대 도로의 통행량과 행인들의 통행 패턴을 관리하여 분석한다면 교통안전을 위한 장치를 보다 효율적으로 구축할 수 있겠지요. 데이터가 사회 인프라를 구축하는 데도 많이 활용되기에 사회 발전을 위해서 정부가 빅데이터를 관리해야 한다는 주장은 설득력이 있습니다.

하지만 개인의 데이터에 대한 권리를 정부에 위임하는 것은 문제가 없을까요? 그것이 공익적으로 유용하게 활용될 수 있다는 장점에도 불구하고 정치권력에 의한 국민 통제가 증가할 수 있다는 점에서 우려도 존재합니다. 정부가 개인들에 대한 모든 정보를 파악할 수도 있기 때문입니다. 또한 데이터는 인터넷에서 생산되고 수집되는 까닭에 사실상 국경이 없고 데이터 전송을 일일이 감시하기가 쉽지 않기 때문에 데이터를 정부가 관리하는 게 과연 현실성 있는 대안인지도 의문이지요.

한편 만약 정부가 데이터를 관리할 경우 데이터 생산자인 국민 개인에게는 어떻게 보상해줄 수 있을까요? 보상이 필요하기는 할까요? 또한 IT 기업에 대해서는 정부가 무엇을 해줄 수 있을까요? 정부가 데이터를 관리하여 배분하는 일은 과연 효율적일까요? 개인과 기업 그리고 사회와 정부가 데이터의 생산·수집·관리·사용에 대한 협력 체제를 어떻게 구축할지 더 깊이 고민해야 할 것입니다.

주어진 운명의 극복 VS 다른 형태의 우생학

1998년에 나온 〈가타카〉라는 SF 영화가 있습니다. 이 영화는 인간의 유전자를 분석하는 것은 물론이고 조작도 할 수 있는 미래를 그립니다.

영화에서 주인공 빈센트는 유전자 조작 없이 자연적으로 태어났습니다. 그의 유전자를 검사해보니 향후 심장 질환에 걸리고, 범죄자가 될 가능성이 있으며, 31살에 사망하는 것으로 예측되었습니다. 빈센트의 운명에 좌절한 부모는 시험관 수정을 통해 완벽한 유전자를 가진 동생 안톤을 출산합니다. 빈센트는 안톤과 비교되어 위축되고 끊임없이 좌절합니다. 자연적으로 태어난 사람은 유전자 조작으로 태어난 사람보다 능력 면에서 뒤처질 수밖에 없었기 때문이죠. 빈센트는 우주선 조종사가 되고 싶었지만 사회적 지위와 역할도 유전자에 따라 차별적으로 정해지기에 불가능한 일이었습니다. 이처럼 유전적으로 뛰어나게 조작된 사람들이 사회의 중심이 되고 자연적으로 태어난 사람은 사회의 주변부로 밀려나는 사회를 영화는 그리고 있습니다.

이 영화는 기술적으로 유전자 조작이 가능한 사회에서 유전자 조작을 통한 출산이 윤리적으로 정당한지 질문을 던집니다. 그리고 유전적 차이에 따라 일자리를 비롯하여 권력·부·명예를 배분하는 방식이 정당화될 수 있는지 묻습니다. 특히 자연적으로 태어난 아이가 열등한 존재로 낙인이 찍히는 것에 대해서는 어떻게 봐야 할지 많은 생각을 갖게 하지요.

한편으로 이 영화는 이런 생각도 품어보게 합니다. 꼭 자연적으로 주어진 결함을 가지고 타고난 운명대로 살아가야만 할까요? 이를테면 조기 탈모, 근시, 알코올중독, 약물중독을 일으킬 수 있는 유전자를 미리 교정해서 자식을 낳을 수 있다면 어떨까요? 무엇이 더 나은 삶이라고 할 수 있는지 의문이 드는 것도 사실입니다.

그런데 유전자를 조작하여 뛰어난 특성만 가진 아이가 태어나도록 하는 일은 이제 영화 속의 한 장면이 아니라 현실이 되어 가고 있습니다. 이는 유전자 가위라는 기술이 개발된 덕분입니다. 가위라는 표현을 썼지만 의사가 진짜 가위를 사용하는 건 당연히 아닙니다. 유전자를 구성하는 염기서열을 자르고 붙여서 원하는 형질을 갖게끔 조작할 수 있는 기술을 가리키는 거지요.

유전자 가위 가운데 가장 발달된 기술로 주목을 받은 것은 '크리스퍼 유전자 가위'입니다. 크리스퍼 유전자 가위는 유전병의 원인이 되는 돌연변이의 교정, 암 치료제의 개발과 같이 다양한 분야에서 활용될 수 있어 꿈의 의학 기술로 찬사를 받기도 합니다. 영화에서나 나올 법한 유전자 조작이 눈앞의 현실로 성큼 다가오게 된 것입니다.

크리스퍼 유전자 가위의 도움으로 유전자 치료법이 주목을 받고 있습니다. 유전자 치료법은 질병 등의 문제를 일으키는 유전자를 조작해 정상적으로 기능하게 만드는 치료법입니다. 유전자 치료법은 유전적 운명을 완전히 극복할 수 있는 길을 열어줄 수 있습니다. 그뿐만 아니라 더 적극적으로 활용하면 보다 유전적으로 우월한 능력을 가지고 아이가 태어나게 할 수도 있죠. 이런 유전자 조작이 보편화되면 미래 사회는 어떤 모습으로 변할까요? 기대도 되는 한편 두렵기도 합니다.

그러나 생명윤리에 관한 논란도 가열되고 있습니다. 자연현상으로서의 생명 탄생에 인간이 개입해 마음대로 조작하는 게 옳은 일일지 의문이 들지 않을 수 없는 거지요. 또한 그동안 인류가 지향해온 인권·평등·신뢰·협력 등의 가치에 균열이 일어나고, 결과적으로 유전자에 따라 인간 능력에 차등을 두는 비윤리적인 사회가 형성될 수 있습니다. 그래서 유전자 조작 연구는 유전적 차별을 정당화하는 우생학의 진수라는 평가도 받습니다.

논쟁을 정리하자면, 한편으로는 유전자 조작이 유전병을 포함하여 인간의 주어진 운명을 극복하고 다양한 능력을 개선시킬 수 있다고 생각합니다. 반면에 또 다른 쪽에는 인간을 유전적으로 차별하여 인간 존엄성이 훼손되는 사회를 조장할 것이라는 견해가 맞서고 있습니다. 유전자 조작은 인간의 삶을 완전히 바꿀 수 있는 기술입니다. 이러한 획기적인 유전자 조작 기술을 손에 넣게 된 오늘날, 인류가 직면한 고민을 함께 생각해봤으면 합니다.

 ## 주어진 운명의 극복

유전성 질병의 비극은 끝내야

1980~1990년대 연예인 못지않은 인기를 누렸던 한기범이라는 농구선수가 있습니다. 그는 205cm나 되는 압도적인 키로 농구 코트에서 맹활약했었죠. 그런데 사실 그의 큰 키는 '마르판 증후군'이라는 유전병에서 비롯된 것이기도 했습니다. 그는 2011년 한 방송에 출연해 '마르판 증후군'을 앓으며 겪었던 고통을 말해주었습니다. 마르판 증후군은 풍선처럼 조직이 늘어나서 근

골격계·심혈관계·눈에 심각한 장애를 초래하여 사망에 이를 수 있는 희귀한 유전병입니다. 그의 아버지도 유전병으로 수술 후 1년 만에 돌아가시고 남동생도 5년 뒤 같은 병으로 세상을 떠났습니다. 한기범도 수술을 앞두고 언제 죽을지 모른다는 불안감에 휩싸여 화장실에서 몰래 우는 일도 많았다고 털어놨습니다. 더욱이 그의 아내는 임신한 상태였기 때문에 아버지와 동생에 이어 자녀도 같은 유전병을 앓을까 봐 더욱 두렵고 미안했다고 합니다.

이 이야기를 듣는 것만으로도 마음이 아픕니다. 다행히 수술 결과가 좋아 그와 그의 가족 모두 안심할 수 있었지만 유전병 진단을 받고 난 후 그는 얼마나 불안하고 두려웠을까요. 더욱이 자신의 의지로 바꿀 수 없는 유전적 운명을 다시 자녀에게까지 물려줘야 한다면 그 심정은 말로 표현할 수 없을 만큼 참담했을 것입니다. 자녀를 낳아 키워본 부모라면 이런 이야기에 더욱 공감할 수 있겠지요. 아이가 울면 함께 눈물을 흘리고, 아이가 웃으면 함께 웃는 게 부모의 심정입니다. 자녀가 건강하게 살아가면 그보다 기쁜 게 없고, 자녀가 아프면 그것보다 힘겨운 일도 없습니다. 그런데 아이의 고통이 아이에게는 어떠한 실수나 잘못이 없고 오직 부모의 유전자 탓이라면 그것이야말로 부모에게는 가장 큰 고통일 겁니다. 그런 경우 많은 부모들이 일종의 죄책감을 느끼기도 하지요.

한편 유전병을 물려받은 자녀의 심정은 어떨까요? 분명 부모가 이룬 사랑의 결실로 태어나 축복받아야 할 삶인데 유전병으로 고통스럽게 살아가야 한다면 그 자녀는 부모를 원망할 수도 없고 어떻게 해야 하나요? 유전병은 태어날 때는 증상이 나타나지 않다가 나이를 먹어가면서 나타나는 경우도 많은데, 그러면 그는 유전병을 앓기 전과 후로 나뉜 매우 상반된 삶을 경험하게 됩니다. 그에게 우리는 어떤 삶이든 삶은 모두 아름다운 것이라고 훈계할 수 있을까요? 아니면 유전병은 운명이니 참고 견디라고 말할 수 있을까요? 섣불리 대답하기 힘든 문제입니다.

그런데 유전자가 우리 건강에 미치는 영향은 생각보다 훨씬 더 큽니다. 정확한 통계는 없지만 유전질환은 대략 신생아의 1~2%에게서 나타나며, 6000여 종에 달한다고 합니다. 유럽 왕가에서 전해져 내려온 혈우병(피가 잘 굳지 않아 출혈이 멈추지 않는 병)이나 창백한 피부와 모발을 유발하는 백색증 등이 대표적이죠. 부모는 건강해도 자식들은 유전질환에 걸릴 수도 있습니다. 유전성 질환들은 주로 열성 유전(부계와 모계로 받은 두 유전자 모두가 장애가 있어야 증상이 나타남)이며, 또 다운증후군 같은 병은 거의 염색체상의 돌연변이로 인해 발생하지요.

더 중요한 것은 희귀 유전병만이 유전자로 인한 질병의 전부가 아니라는 점입니다. 정신분열증으로 알려진 조현병도 유전의 영향이 큰 것으로 알려져 있습니다. 조현병 발병률은 일반적으로 1%인데 부모나 형제 중 조현병이 있는 경우에는 10%로 올라가며, 양쪽 부모가 다 조현병이 있을 경우엔 40%까지 올라간다고 하지요. 뿐만 아니라 심장병·천식·당뇨·고혈압 등은 물론이고, 유방암처럼 특정 암들도 유전적 요인이 발병 여부에 상당히 영향을 줍니다. 사실 그래서 결혼하기 전에 상대편 가족의 질병 상황을 체크하는 경우도 종종 있지요.

그러므로 유전자 조작 기술은 단지 일부 희귀한 유전병으로 괴로워하는 가족들을 위한 것만이 아닙니다. 보다 많은 이들에게 혜택을 주고, 인류의 건강을 획기적으로 진전시킬 수 있는 기술인 거지요. 따라서 질병을 일으키지 않도록 미리 유전자를 조작할 수 있다면 우리는 그것을 허용해주어야 합니다.

이와 관련하여 최근에는 반가운 소식이 중국에서 들려왔습니다. 2018년 11월 중국의 남방과학기술대의 허젠쿠이 박사가 크리스퍼 유전자 가위 기술을 활용해 에이즈 바이러스에 면역력을 갖도록 유전자를 조작한, 건강한 쌍둥이가 태어났다고 발표한 것입니다.

그동안 유전자 조작 기술을 실제 아이의 임신과 출산에까지 적용한 연구는 엄격히 제한돼왔습니다. 그래서 이 연구를 놓고 엄청난 논란이 일어났지요. 그 실험이 정확하게 검증된 것인지도 논란이지만 인간 배아를 가지고 실험한 것 자체가 윤리적으로 정당하지 않다는 반응이 많습니다.

희귀병 원인 뒤바뀐 염기서열 'DNA 외과수술'로 바로잡죠

우리 몸을 구성하는 세포에는 유전 정보가 담긴 'DNA'가 있습니다. DNA는 약 30억개의 염기(복합화합물)가 이중 나선형태로 구성돼 있는데 유전정보는 이들 각각의 염기에 저장돼 있습니다. 피부색 차이, 힌색을 예민하게 느끼는 정도, 달리기를 잘하는 것도 모두 DNA 염기서열(염기순서)의 차이로 설명할 수 있습니다. 문제는 이런 염기서열의 차이가 질병을 일으킬 수도 있다는 것입니다. 바로 유전병입니다.

2003년 1세대 유전자가위 '징크핑거' 개발

유전병은 '고칠 수 없는 병'이라는 인식이 강했지만 최근에는 어떻게 치료할 기술이 발달되고 있습니다. 바로 DNA 염기를 마음대로 자르고 붙이는 '유전자가위'가 주인공입니다. 어용은 가위이지만 진짜 날이 있는 가위로 유전자를 잘라내는 것이 아니라, 유전자를 자를 수 있는 단백질(효소)을 활용하는 것입니다.

2003년 개발된 1세대 유전자가위는 개구리 DNA에 결합한 단백질을 이용, 유전자를 변형할 수 있도록 만든 '징크 핑거 뉴클레아제'(ZFN)입니다. 앞서 1985년 아프리카 발톱개구리 유전자를 연구하던 과학자들이 개구리 DNA에 결

**개구리 유전자 연구하다 힌트 얻은 기술
'고칠 수 없다'던 유전병 치료법으로 각광
에이즈·혈우병 등 치료 가능성 높여**

**DNA속 순서 바뀌거나 고장난 부분 찾아
잘라낸 뒤 정상 유전자로 바꿔 삽입
가축 종자개량에도 활용 - 상용화 과제**

합한 단백질을 발견했을 때, 손가락 모양의 고리가 개구리 유전자에 단락히 붙은 형태였습니다. 그리고 그 중심에 아연(Zn)이 있었기 때문에 '아연손가락'(징크핑거)이라는 이름을 지은 것이 시초였습니다. 그러나 당시 유전자가위는 잘라야 하는 염기서열을 인식하는데 한계가 있고 건당 가격이 5000달러라며 56조원(원료비와 단백질)이었습니다. 2세대 유전자가위는 2011년 나온 '탈렌'(TALENs)입니다. 개구리에서 유래한 1세대와 달리 식물성 병원체인 '잔토모나스'에서 발견했습니다. 탈렌은 1세대보다

리) 연구팀이 크리스퍼와 '캐스나인'(Cas9)이라는 효소를 이용해 염기서열 일부를 잘라낼 수 있는 방법을 발견하면서 본격적인 3세대 유전자가위 시대가 열렸습니다. 크리스퍼는 1·2세대 유전자가위가 설계에만 수개월이 걸리고 가격이 비싸 대중화가 어렵다는 단점을 단번에 해결했습니다. 하루 정도면 설계가 끝나고 비용도 100만원 이하입니다.

3세대 크리스퍼는 등장과 함께 전 세계의 주목을 받았습니다. 어떤 연구자는 '연구 민주화'라고도 표현할 정도입니다. 세계적인 학술지 사이언스는 크리스퍼를 '2015년 올해의 핵심기술'로, 과학전문잡지인 MIT테크놀로지리뷰는 '2016년 10대 기술'로 선정하기도 했습니다.

유전자가위 기술을 활용하면 유전자 변이로 생기는 희귀 질환을 치료할 수 있는 길이 열립니다. 한 번 피가 나면 멈추지 않는 혈우병은 정상적인 염기서열에서 유전자 하나의 위치가 뒤바뀌면 발생하는 병입니다. 지금은 인위적으로 혈액을 공급해 줄 수밖에 없지만 넣어 치료를 합니다. 하지만 유전자가위를 이용하면 뒤바뀐 염기서열을 정상적인 순서로 바꿀 수 있습니다. 에이즈 치료법 역시 이러한 방식으로 연구되고 있습니다. 에이즈는 '인체면역결핍바이러스'(HIV) 감염으로 걸립니다. 그런데 HIV와 결합하는 'CCR5' 유전자가 없는 사람은 HIV에 감염되지 않습니다. 바이러스가 들어올 통로가 없기 때문입니다. 미국 바이오기업 '상가모'는 이 방식으로 유전자가위를 이용한 HIV 치료제를 개발 중입니다.

농업·목축업 분야서 활용 가능성에 주목

유전자가위가 질병 치료에만 쓰이는 것은 아닙니다. 연구가 활발한 다른 분야는 농업과 목축업입니다. 특정 물질이 많이 든 기능성 식물, 유전자 조작을 하지 않아도 병충해에 강한 식물을 만들 수도 있습니다. 농업 및 목축업 분야에서 원하는 특성이 나타나도록 종자개량을 지금까지는 여러 세대를 거쳐야 하기 때문에 시간이 오래 걸렸습니다. 하지만 유전자가위를 이용하면 한 세대개량을 잘라내는 시간이 필요 없어집니다. 또 멸종된 생물을 되살리는 것도 가능합니다. 매머드의 DNA를 코끼리 염기서열에 삽입해 매머드를 복원하는 연구가 현재 진행 중입니다.

하지만 유전자가위는 그야말로 아직 상용화

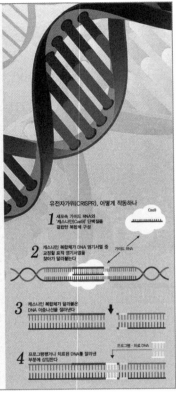

유전자가위(CRISPR), 어떻게 작동하나

1 세포속 가이드 RNA와 캐스나인(Cas9) 단백질을 결합한 복합체 구성

2 캐스나인 복합체가 DNA 염기서열 중 교정할 표적 염기서열을 찾아 달라붙는다

3 캐스나인 복합체가 달라붙은 DNA 이중나선을 잘라낸다

4 프로그램되거나 치료된 DNA를 잘라낸 부분에 삽입한다

유전병은 유전자를 구성하는 DNA의 염기서열이 정상적인 배열에서 벗어나 있기 때문에 발생한다. 말하자면 인간을 만드는 설계도에서 '맞춤법'이 틀린 것이다. 유전자가위는 그 잘못된 배열을 잘라내서 올바르게 재배치할 수 있게 해주는 기술이다.(이데일리, 2018년 9월 13일)

    하지만 유전자 조작을 통한 임신과 출산을 두고 생명의 가치를 무너뜨린 범죄처럼 취급하는 건 지나친 감이 있습니다. 이를 현재 허용되고 있는 시험관 아기의 출산 과정과 비교해봅시다. 시험관에서의 체외수정이 허용되면서 배아의 유전자를 검사하

여 이상이 없으면 자궁에 착상시키고 이상이 있으면 폐기해왔습니다. 이런 방식이 처음에는 윤리적 문제가 제기되었어도 지금은 큰 문제가 되지는 않고 있죠. 반면에 유전자 조작 기술이 상용화되면, 유전자 검사에서 이상이 발견됐을 때 유전자 가위로 이상을 교정하고서 착상시키게 됩니다.

착상 전 배아를 생명의 시작점으로 볼 수 있는지 논란이 있을 수 있겠으나, 만일 생명체로 본다면, 오히려 시험관 임신 시술의 경우는 생명체를 죽이는 것이고 유전자 조작 기술의 경우는 생명체를 살리는 일입니다. 이런 측면에서 보면 유전자 조작 기술은 인간의 생명을 소홀히 다루는 것이 아닙니다. 오히려 인간의 생명이 온전하게 살아갈 수 있도록 돕는 기술이라고 할 수 있지요.

일부 사람들은 어떻게 인간의 생명을 조작하여 잉태할 수 있는가라는 윤리적 문제를 제기하곤 합니다. 하지만 태어날 아이에게 중증 장애가 있다는 걸 미리 알 수 있고, 유전자 조작으로 그 장애를 없앨 수 있는데도 그렇게 못하게 막는 건 과연 윤리적인가요? 어떤 부모가 그런 치료를 마다할 수 있을까요? 그리고 유전적 질병으로 고통 받아오던 가족이 의사에게 유전자 조작 기술을 사용해달라고 요청했을 때, 여러분이 그 의사라면 그 요청을 뿌리칠 수 있을까요? 그 요청을 받아들여 유전자 조작을 시행한 의사에게 돌을 던지는 것은 적절한 일일까요? 이런 질문에 확실한 대답을 할 수 있는 사람은 많지 않을 겁니다.

유전자를 조작하는 것은 유전적 운명을 거부할 새로운 주체적 권리로 볼 수도 있을 것입니다. 부모로서 건강한 아이를 낳고 싶어 하는 건 당연한 소망입니다. 누구나 질병을 겪지 않고 건강하게 살아갈 권리가 있고요. 그러니 앞으로 태어날 아이의 건강한 삶을 보장하기 위하여, 부모로서 최선의 방법을 선택할 권리를 보장해야 합니다. 유전적 질환이 예상된다면 당연히 그것을 사전에 예방하도록 해야 합니다.

나아가 유전자 조작으로 병을 사전에 차단하는 것은 부모의 책임이며 의무라고도 할 수 있습니다. 유전적 오류를 바로잡을 수 있음에도 그렇게 하지 않는다면, 그것이 오히려 더 무책임한 일이겠지요. 치명적인 유전자 이상을 가지고 태어난 아이가 어떤 인생을 살아가게 될지는 너무나 명백한 일입니다. 자식이 최소한의 정상적인 삶을 살 수 있도록 돕는 것이 부모의 의무라면, 부모는 아이의 질병을 수수방관해서는 안 됩니다.

만일 병에 걸려 고통 받는 삶을 살게 내버려둔다면 그것은 심지어 아동학대로 볼 수도 있습니다. 한국의 법률에서는 보호자를 포함한 성인이 18세 미만의 사람인 아동에 대해 치료 가능한 질환을 방치하는 것을 의료적 학대로 분류합니다. 지금이야 유전병을 미리 막을 수 없기에 해당 사항이 아니지만, 유전자 조작 기술이 발전한 이후에도 치료 가능한 질환을 방치한다면 그건 아동학대나 다름없습니다.

다음 세대에 더 나은 삶을 선사하는 기술

그럼 유전자 조작이 유전병처럼 문제가 있는 유전자를 치료하는 데뿐만 아니라, 지능이나 신체 능력 등을 향상시키는 데도 이용되는 건 어떨까요? 단순히 부모의 욕심이고, 생명에 대한 지나친 조작일까요? 꼭 그렇게 몰아세울 수는 없습니다. 건강은 사람이 살아가는 데 필요한 최소한의 조건이지만 재능과 지능, 외모 등도 삶에 중대한 영향을 미치기 때문입니다.

우리 사회는 건강하기만 하면 누구나 잘 살아갈 수 있는 곳이 아닙니다. 사회를 살아가는 데 필요한 자질들은 매우 다양합니다. 재능과 지능만으로도 부족하지요. 외모도 큰 영향을 미칩니다. 외모에서 중요한 것 가운데 하나는 키입니다. 일반적으로 키가 큰 사람이 호감을 많이 얻고, 매력적인 이성을 만나거나 취업하기 쉬워 더 성공적인 인생을 살 수 있다고 합니다.

남들만큼 좋은 유전적 자질을 갖지 못해 좌절하는 자녀에게 능력과 재능이 없거나 키가 작아도 그것을 버티며 이겨내는 게 인생이라고 가르치기는 쉽지 않을 것입니다. 혹 이제까지는 그런 가르침이 통했을지도 모릅니다. 하지만 타고난 자질을 개선할 수단이 있는데 그렇게 참고 견디라고만 할 수 있을까요? 유전자 조작을 굳이 부정적인 시각으로 볼 일은 아닙니다. "주어진 유전자대로 살아라. 그게 운명이다!"라고 강요하거나 "아무런 준비 없이 세상과 부딪치며 스스로 만들어가는 게 삶이다"라고 내버려두는 게 옳은지 의문입니다.

우리는 유전자 조작에 대해 근본적으로 생각해볼 필요가 있습니다. 자식에게 재산을 상속해주는 건 당연한데, 왜 좋은 유전자를 물려주는 것은 문제가 될까요? 유전자 조작 기술은 다음 세대에 더 나은 유전형질을 상속해주려는 시도로 볼 수 있습니다. 사실 사람들은 먼 과거부터 더 나은 유전자를 물려주기 위해 좋은 유전형질을 가진 배우자를 찾아왔습니다. 그런 시도는 아무도 문제 삼지 않아왔지만, 지금 직접적으로 유전자를 조작하는 것에 대해서는 금기시하고 있습니다.

왜 유전자를 랜덤하게 물려주는 건 괜찮은데, 직접 원하는 대로 물려주는 건 안 된다는 걸까요? 여기에 뚜렷한 합리적 이유는 없어 보입니다. 윤리도 시간에 따라 변하기 마련입니다. 주어진 생물학적 운명에 만족하며 사는 것이 과거에는 바람직한 윤리였을지 모르겠지만, 운명을 극복할 수단을 얻게 된 지금은 기존의 윤리 또한 바뀌어야 합니다. 더 나은 유전자를 물려주려는 시도도 언젠가는 재산을 물려주는 것처럼 자연스럽게 여겨질 겁니다.

나아가 유전자 조작은 사회적으로도 유용한 결과를 가져올 수 있습니다. 유전자 조작으로 인간의 신체적·지능적·감성적 능력이 향상돼 보다 유능하고 바람직한 인성을 갖춘 사람들의 수가 증가하면 결국 사회도 발전하지 않겠습니까? 더 많은 아인슈타인이 나와 과학적 진보를 이끌고, 더 많은 모차르트가 좋은 음악을 만들어 많은 사람에게 정신적 풍요를 선사하며, 더 많은 테레사 수녀가 태어나 사회에 봉사하게 될 것입니다.

이처럼 유전자 조작은 유전적 운명을 거부하고 보다 이로운 인간 사회를 만들려는 위대한 기획입니다. 이러한 유전자 조작을 보다 완전한 인간 사회를 향한 도전으로 보고 격려해줄 수는 없겠습니까?

 ## 다른 형태의 우생학

인간은 유전자 이상의 존재다

영화 〈가타카〉처럼 유전자 검사를 통해 한 사람의 운명을 정확히 예측할 수 있는 가상의 사회를 생각해봅시다. 그 사회에서는 배아에 대한 유전자 검사가 의무화돼 있으며, 검사 결과에 따라 출산과 유전자 조작 여부를 결정합니다. 그런 가상의 사회에서 의사가 한 배아의 유전자 검사 결과를 알려주면서 만일 유전자를 조작하지 않은 채 자연적으로 태어날 경우 그 사람의 미래가 어떻게 전개될지 말해줍니다.

"특별한 재능을 발견하지 못하여 살아 있는 동안 내내 가난뱅이로 살게 될 것입니다. 뒤늦게 예술 분야에서 일을 할 수는 있겠지만 여전히 재능을 인정받는 수준에 이를 정도는 아닐 것입니다. 그러다가 30대 중반에 정신이 쇠약해져 발작을 일으키게 되고 오래 못 가 정신병자 수용소에 들어갈 겁니다. 그리고 결국 나이 40을 넘기지 못하고 스스로 생명을 끊을 운명입니다."

그의 말이 끝나자 장내가 술렁거립니다. 그가 다시 질문을 합니다.

"어떤 결정을 내리겠습니까? 이러한 유전적 운명을 지닌 아이라면 유전자 조작을 해야 할까요?"

그러자 사람들은 유전자 조작에 대한 논의를 시작합니다. 치열한 논쟁 속에서 한 사람이 중재하듯 새로운 주장을 제기합니다.

"자연적으로 태어나면 아이에게나 부모에게나 끔찍한 불행이 될 겁니다. 그런데 유전자 조작을 하기에도 유전적으로 떨어지는 부분이 너무 많아 잘 될지 알 수가 없네요. 그렇다면 차라리 그 아이를 낳지 않는 게 낫습니다."

순간 장내는 조용해지며, 모두 이 의견에 동의하는 분위기입니다. 결국 이 배아는 폐기하는 걸로 결론이 났습니다. 그러자 의사가 모두에게 말합니다.

"이것 참 안타까운 일이네요. 우리는 지금 막 위대한 화가 빈센트 반 고흐를 잃었습니다!"

어떻습니까? 이 가상의 이야기는 유전자만을 평가하여 사람의 운명을 선택하는 것이 어떤 문제가 있는지를 보여줍니다. 빈센트 반 고흐는 실제로 여기서 말한 숱한 결점들을 지니고 있었습니다. 하지만 동시에 그는 역사에 오래 남을 위대한 미술 작품을 남겼습니다. 고흐의 사례는 한 사람의 재능과 가능성에 대해 우리가 쉽게 평가 내릴 수 없다는 걸 잘 보여줍니다. 인간에게는 유전적 자질로만 평가할 수 없는 뭔가 심오한 부분이 있는 겁니다.

어쨌든 이와 같은 얘기가 현실이 된다면 어떨까요? 유전자 조작은 인간의 미래를 유전자로 미리 판단하고 결정하려는 사고에서 출발합니다. 하지만 부모라고 하더라도 자녀의 미래를 결정할 권한을 갖고 있지는 않습니다. 자녀는 오직 부모의 결정에 따라야 하는 수동적인 부속물이 아니며, 인격체로서 자신의 삶을 살아갈 권한이 있기 때문이지요.

한편 과학자의 판단이나 부모의 판단이 항상 옳은 것도 아닙니다. 유전적으로 우월하지 않은 사람이라고 해서 그 인물이 태생 이후 어떤 재능을 발휘하게 될지 누가 확신할 수 있을까요? 앞서 제시한 상황처럼 유전자에 대한 판단만으로 한 생명의 탄생을 결정한다면 고흐는 태어나지 못했을지도 모릅니다. 그랬다

유전자 조작이 가능해지면 부모가 자녀를 원하는 대로 '디자인'할 수도 있을 것이다. 하지만 아무리 부모라도 자녀의 운명을 미리 결정하려 하는 것이 용납될까? 이제까지는 자연의 영역이었던 생명의 탄생에 인간이 개입할 수 있게 되면서 기존의 윤리 관념이 크게 흔들리고 있다.(전자신문, 2018년 12월 3일)

면 그가 남긴 작품이 주는 감동을 우리는 경험하지도 못했겠지요.

유전자 검사를 통해 어떤 아이를 낳을지 말지, 낳는다면 유전자 조작을 통해 더 나은 능력을 향상시킬지를 부모나 사회가 결정할 수 있다면 그 사회는 더 이상 인간 사회라고 보기는 힘들 것입니다. 어떤 사람을 태어나게 할지 선택하거나 미래 운명을 제조하는 사회는 이미 공산품을 만들어내는 공장에 불과하기 때문입니다.

우생학의 불길한 그림자

유전자 조작으로 인간을 제조하는 사회에서는 그 사회의 구성원을 '정상' 인간과 '불량' 인간으로 가르게 될지도 모르겠습니다. 나아가 유전자 조작으로 형질이 향상된 사람이 '정상'으로 대우받고 자연적으로 태어난 사람은 오히려 '불량'으로 취급될 수도 있겠지요.

인간을 '불량'과 '정상'으로 나눈다는 발상은 참으로 끔찍합니다. 한 사람을 쉽게 불량 인간으로 취급하는 일이 공상에 그쳤으면 좋겠지만 오늘날의 유전자 조작 기술을 보면 충분히 현실성 있는 일로 보입니다. 유전자 조작으로 자연의 운명을 바꿔보겠다는 유전공학이 과연 장밋빛 신세계를 만들어낼까요? 오히려 유전자 조작은 일찍이 비극적인 인종차별을 낳았던 우생학을 재현할 가능성이 높습니다.

우생학이란 19세기 후반 찰스 다윈의 사촌인 프랜시스 골턴이 창시한 사이비 과학의 하나로, 인류를 유전적으로 개량하기 위한 여러 방법들을 연구했습니다. 우생학은 여러 나라에서 사회 정책에도 영향을 주기도 했지요. 20세기 초 미국에서는 범죄자와 정신박약자들에게 강제 불임 조치를 시행하고 일부 인종에 대해서 이주를 제한하는 이민법이 제정되기도 했습니다. 우생학 열풍이 독일로 넘어가서는 혼전 건강 검사를 의무화하고 결혼 상대끼리 보건증을 교환하는 보건 정책 운동을 낳았고, 인종 간에 우열이 있다는 믿음으로 이어져 인종학살까지 불러왔습니다.

그런 비극이 있은 후 우생학은 완전히 폐기되고 금기시되었습니다. 그런데 오늘날의 유전자 조작 연구를 보면 우생학이 되살아나는 게 아닌가 하는 두려움이 듭니다. 과거에 노골적인 인종차별주의자가 이야기했던 것을 이제는 과학자들이 객관적이고 전문적인 언어로 말하고 있죠. 그렇기 때문에 더욱 우려스럽습니다. 유전형질을 바꾸려는 시도가 과학의 이름 아래 진행되면서, 그것이 곧 우생학적 접근이라는 사실이 잘 보이지 않기 때문입니다.

유전공학자가 실험실에서 어떤 식으로 유전자를 '개량'할지를 생각해보면 우생학과의 관련성은 보다 분명해집니다. 그는 먼저 어떤 유전자를 변경하고, 삽입하고, 삭제할 것인지 결정할 겁니다. 그때 이미 '좋은' 유전자와 '나쁜' 유전자를 구분하게 되지요. 자신이 판단하기에 유익하고 바람직한 유전자는 강화하려할 테고, 해롭고 무익한 유전자는 삭제하거나 약화시키려 하겠지요. 이렇게 유전자를 선택하는 결정 자체가 우생학적입니다.

대체 무슨 기준으로 '좋고' 나쁜' 유전자를 가릴 수 있단 말인가요? 인간의 유전자 구성을 개량한다고 할 때, 거기에는 이미 우생학적 사고가 내포되어 있는 것입니다.

실제로 흔히 나쁘다고 생각하는 유전자라고 해서 항상 나쁜 것만은 아닙니다. 통상적 기준으로는 나쁘다고 생각한 형질이 현실에서 예상치 못한 좋은 결과를 가져오는 경우가 있습니다. 특정 질병을 일으키는 유전자가 다른 질병에는 높은 저항력을 주기도 하지요. 예컨대 겸상(낫 모양) 적혈구 유전자를 가진 사람은 악성 빈혈에 시달리지만 덕분에 말라리아에 대한 저항성이 높아 말라리아에 잘 걸리지 않는다고 합니다. 그래서 말라리아가 창궐하는 지역에 사는 사람들은 겸상 적혈구 유전자를 보유하고 있는 경우가 많지요. 이처럼 유전자의 기능은 복합적일 수 있어 단순히 좋은 유전자와 나쁜 유전자로 가를 수만은 없습니다.

유전형질을 좋은 것과 나쁜 것으로 나누는 사고가 만연해지면, 그에 따라 '나쁜' 유전형질을 가진 사람에 대한 차별적인 시각이 나타나게 될 수 있습니다. 더욱이 유전적 질병을 일으키는 유전자를 제거되어야 할 유전자로 본다면, 이는 유전병 원인 유전자를 지니고 있는 아이의 존재에 대한 부정으로도 이해될 수 있습니다. 그러나 비록 유전병을 지닌 사람이라고 해서 그 존재가 존엄하지 않은 것은 아니며, 존재하지 말아야 할 인간은 없지요. 모든 인간이 존엄하다면 어떤 유전자를 지녔더라도 존엄한 것입니다. 그렇지만 유전자에 대해 차별을 두게 되면 자연히 인간에 대한 차별로 이어지지 않을까요? 유전자 조작은 모든 인간이 존엄하다고 보는 견해를 정면으로 거스르고 있습니다.

유전적 차별을 넘어서

1997년 유네스코는 '인간의 게놈과 존엄성 선언'을 채택했습니다. 이 선언의 핵심은 "인간의 유전정보를 근거로 차별이 있어서는 안 된다"는 것이었습니다. 하지만 현실은 이 선언과 반대 방향으로 흐르고 있습니다. 유전형질에 따라 사람을 분류하는 데 그치지 않고 그 분류가 차별로까지 이어지고 있지요.

학벌이나 출신 지역 등의 사회적 차이에 따라 차별을 하듯이, 인간이 가지고 있는 다양한 유전적 차이에 따라 차별을 하는 경우가 늘어나고 있습니다. 예컨대 현재는 건강에 아무런 문제가 없지만, 유전자 검사에서 언젠가 특정 질병에 걸릴 가능성이 높다는 진단이 나왔을 때 직장에서 해고하고 보험 가입을 막는다면 유전적 차별이 될 것입니다.

미국 인간유전학회의 한 보고서에 따르면 유전적 차별은 이미 다양하게 나타나고 있습니다. 유전병을 앓는 아이를 가진 부모가 직장 의료보험에 가입하지 못하고, 유전병에 걸린 부부가 입양 자격을 박탈당했습니다. 15년 무사고 운전자인데도 유전병 진단 후 자동차 보험 가입을 거절당하기도 했고요. 어떤 기업은 독성이 있는 작업장 환경을 개선하기보다는 그 환경에 유전적으로 민감한 사람을 해고하기도 했습니다.

이처럼 유전적 차별이 만연한 가운데 임신과 출산에서 유전자 조작이 허용되기 시작하면 단순히 유전병의 위험을 예방하는 방어적 차원이 아니라 좀 더 우수한 형질의 아이를 얻기 위해 유전자 조작에 나서는 일도 유행처럼 번질 수 있습니다.

이를테면 부모들이 자식의 외모나 지능을 향상시키기 위한 유전자 조작을 시도할 수 있겠지요. 외모에 대한 차별이 우리 사회에 상당히 많이 존재하는 게 사실입니다. 그런 차별을 경험해 본 사람들은 유전자 조작이 가능한 상황에서 운명을 그대로 받아들이지는 않을 테지요. 훨씬 적극적으로 유전자 조작을 시도할 가능성이 높습니다. 이미 많은 사람이 자녀의 키를 더 키우기 위해 적지 않은 비용을 들여 성장 호르몬 주사를 맞히고 있는데, 이런 분위기라면 키를 키우기 위한 유전자 조작도 성행할 가능성이 높습니다.

외모뿐만 아니라 지능도 주요한 유전자 조작의 대상이 될 것입니다. 지능을 결정하는 유전자를 찾는다면 부모는 적극적으로 유전자 조작을 통해 자녀의 지능을 높이려고 하겠지요. 특히 자녀에 대한 교육열이 비정상적으로 과열된 한국 사회에서 학부모들은 자녀의 지능을 높이기 위해 유전자를 조작하려는 유혹을 뿌리칠 수 없을 겁니다. 여러분의 부모님들도 그러시지 않을까요? 그 어떤 사교육보다 유전자 조작이 상위권 대학에 입학하는 데 효과적이라면 유전자 조작 열풍이 한국 사회에서 어떤 모습으로 나타날지 가히 짐작을 하고도 남습니다.

그렇게 해서 유전자 조작이 매우 성행하고, 웬만한 사람은 다 우수한 형질을 자식에게 선사해준다고 해봅시다. 그때가 되면 평범한 작은 키가 '병'으로 규정되고 작은 키를 낳는 유전적 요인은 바람직하지 않은 형질로 분류되지 않을까요? 평균적 지능 수준에 조금 못 미치지만 생활하는 데 큰 지장을 주지 않는 지능을 가진 경우도 나쁜 유전자를 가진 것으로 여겨질 수 있습니다. 결국 자연적으로 태어난 자녀는 평범한 경우라도 사회적으로 소외될지도 모르는 거지요.

유전자 조작이 유전병 치료 목적으로만 허용된다고 하더라도 결국에는 모든 부모들이 원하는 외모와 신체를 갖춘 '맞춤형 아기Designer Babies'를 낳으려 할 것입니다.

그런데 맞춤형 아기를 낳는다면 과연 부모는 흡족할 수 있을까요? 그 아기는 자라나며 출중한 외모와 신체를 갖추고, 탁월한 재능과 지능을 발휘하며 사회적으로 성공해 부모를 자랑스럽게 할지 모릅니다. 하지만 부모의 외모를 닮지 않고, 성격과 취향도 전혀 달라 비슷한 부분을 찾아볼 수 없다면 과연 자신의 자녀라고 할 수 있을까요? 부모와 닮은 점이라고는 한 가지도 찾아볼 수 없는 자녀. 어떻습니까? 마음에 드나요?

자녀를 위한다는 마음으로 유전자 조작에 선뜻 동의하는 건 매우 위험한 일입니다. 그것은 '자녀를 포함한' 인간의 존엄성을 해치는 일이 될 것입니다. 지금까지 인류는 인종차별, 성차별, 외모차별, 학력차별 등 많은 사회적 차별에 반대하여 평등한 사회를 만들려고 노력해왔습니다. 인종차별이 있다고 해서 흑인을 백인으로 만들어야 한다고 생각하지 않았고, 성차별이 있다고 해서 여성을 남성으로 만들려고 시도하지 않았지요. 우리 사회에는 분명 유전적 차이에 따른 차별이 존재합니다. 하지만 그에 대한 바른 해결책은 차별에 정면으로 맞서서 사회적 편견을 비판하면서 바꾸려고 노력하는 것이지, 그 편견은 내버려두고 쉽게 유전자 조작에 나서는 것이 아닙니다. 그런 쉬운 해결책은 오히려 유전자 조작을 하지 않은 이들에 대한 차별을 더욱 강화할 것이 분명합니다. 유전자 차별 사회를 만들 유전자 조작 기술을 우리는 허용해선 안 됩니다.

✚ **생각 플러스** ✚

유전자 조작 연구를 새로운 우생학으로 보는 사람은 유전자의 선별부터가 차별이라고 지적하며 이미 현실에서 나타나고 있는 유전적 차별이 더욱 조장될까 걱정합니다. 그런데 유전자 조작을 지지하는 사람도 바로 그 유전적 차별을 근거로 드는 측면이 있습니다. 즉 유전질환을 가지고 세상을 살아가면서 겪을 고생을 우려하는 것입니다. 유전자 조작으로 외모나 능력의 변화를 기대하는 것도 그러한 유전적 차이로 인한 차별을 피해보려는 의도로 볼 수 있을 겁니다. 이런 점에서 지금까지의 논쟁은 유전적 차이로 차별받은 것에 대한 서로 다른 대응 전략이라고 볼 수도 있습니다.

우리가 살고 있는 사회에는 많은 차별이 있었습니다. 사회적 차별을 없애기 위한 숱한 정치적 노력에도 불구하고 차별은 사라지지 않고 있지요. 인종차별은 링컨이 노예해방을 선언한 지 150년이 지났지만 지금도 여전히 계속되고 있습니다. 외모와 같은 신체적 차이에 대한 차별도 암묵적으로 횡행하고 있는 게 사실입니다.

그러면 이런 차별이 없도록 모두 동일한 모습으로 태어나면 어떨까요? 전부는 아니더라도 대부분의 사람들이 키가 크고 잘생긴 백인의 외모를 갖춘 유전자를 골라 태어나게 하는 것입니다. 이런 게 가능하면 지금의 유전자 조작은 평등을 지향하고 있다고 평가할 수 있을까요? 아니면 불평등을 더 조장하는 것일까요?

과연 유전자 조작이 사회적 차별을 낳는 유전적 차이를 줄일 수 있을지, 아니면 차별을 악화시킬 것인지 생각해보는 것도 의미 있을 것입니다. 어느 쪽으로 흐를 가능성이 더 높을 것 같나요?

나아가 최대한 낙관적으로 전망하여 모든 인류가 노벨상 수상자의 유전자를 물려받는다면 인류 사회는 어떻게 될까요? 황당하겠지만 실제로 이런 시도를 한 사람이 있었습니다. 미국의 백만장자 로버트 그레이엄은 머리 좋은 '씨앗'을 골라내어 사회적 토양에 뿌려 인류의 지능을 올려보겠다는 야심찬 프로젝트의 일환으로 1980년에 '노벨상 정자은행'을 설립했습니다. 노벨상을 받은 사람들의 유전자를 물려받은 아이들을 최대한 많이 태어나게 하려고 한 시도였죠.

그레이엄의 프로젝트는 비록 성공하지 못했지만, 만일 노벨상 수상자의 유전자를 퍼트려 유능한 유전자를 지닌 인류가 늘어난다면 지금보다 더 나은 사회가 될 수 있을까요? 유전적으로 유능함이 확인된 사람이 많은 사회는 좋은 사회일까요? 좋은 사회는 어떤 기준으로 어떻게 판단할 수 있을까요?

다른 한편으로는 특정 유전자에 대한 선호가 당장의 문제는 없지만 인류의 유전적 구성이 단순해지면 치명적인 바이러스 하나가 창궐하는 것만으로도 인류 사회 전체가 전멸될 수 있다는 견해도 있습니다. 그만큼 생명체 집단에서 가장 중요한 것은 다양성이라는 것이지요.

그러면 차별이 존재하더라도 다양성의 필요 때문에 유전자의 차이를 유지해야 할까요? 다른 한편 우월한 유전자를 선택한 유전자 조작은 유전적 다양성을 파괴하는 죄를 짓는 것일까요?

우주개발 활성화 VS 우주의 사유화

지구에서만 버둥거리며 살 필요가 있을까요? 화성으로 갑시다. 화성에서 새로운 삶을 시작해보는 것입니다. 사전답사 차원에서 올해 수학여행도 우주로 가면 어떨까요? 지구는 우리의 꿈을 이루기엔 너무 비좁기만 합니다.

이런 이야기를 SF 영화처럼 황당하게 생각할 필요는 없을 것 같습니다. 우주로 여행을 가고 화성에 사람이 살 수 있는 도시를 만드는 프로젝트가 이미 시작되었기 때문입니다. 이 프로젝트를 추진하는 주인공은 어떤 국가가 아니라 민간 우주 기업입니다. 아마존 창업자 제프 베조스가 2000년에 설립한 '블루 오리진' 이 제일 먼저 우주관광 사업을 추진하여 많은 관심을 받기 시작했습니다. 여기에 '스페이스X'는 화성 식민지 계획을 발표한 바 있습니다.

스페이스X는 전기자동차 회사로 유명한 테슬라의 CEO 일론 머스크가 2002년에 설립한 항공우주 기업입니다. 지금은 우주정거장에 물자를 보급하는 우주택배 사업을 하고 있으며 우주왕복선을 대체할 우주택시 사업도 추진중입니다. 이것만으로도 놀라운 데 스페이스X는 화성에 인류가 거주할 수 있는 도시를 건설하겠다는 계획을 내놓아 세상 사람들을 또 한 번 놀라게 했습니다. 구체적으로 2024년에 첫 화성 이주자를 보내는 걸 목표로 100명 이상 탈 수 있는 우주선을 개발중이라고 합니다.

그런데 우주여행이나 우주운송 사업이 대중에게 인기를 끌기는 했지만 사실 우주개발에서 특별히 주목받을 만한 건 아니었습니다. 정작 주목받는 사업은 따로 있습니다. 바로 우주광산 사업이지요.

석유가 50년 이내에 고갈될 것이라고 전망되는 가운데 우주자원이 새로운 희망을 안겨줄 것으로 기대되고 있습니다. 우주에서 발견된 자원들의 가치는 상당합니다. 지구와 가장 가까운 달만 하더라도 희토류, 티타늄, 헬륨-3 등 지구에서는 무척 희귀한 다양한 광물 자원이 풍부하게 존재하는 것으로 알려져 있습니다.

우주광산 사업에서 가장 각광받고 있는 것은 태양계의 소행성들입니다. 유용한 자원이 많은 데다 중력이 작아 탐사선이 갔다가 되돌아오기에 유리하기 때문입니다. 지구와 화성 사이에 있는 소행성만 1만2000개입니다. 소행성에는 루테늄·로듐·팔라듐·오스뮴·이리듐·백금 등 지구에는 1% 미만으로 존재하는 원소들이 풍부하다고 알려져 있습니다. 그래서 전문가들은 소행성들의 전체 가치가 수천조 원에 달한다고 합니다.

그동안 우주광산 사업은 SF 영화에서나 볼 수 있었습니다. 현실적으로 보면 기술적 한계와 비용 부담 문제 때문에 단지 꿈에 지나지 않았었죠. 그러나 최근엔 기술적 한계를 극복하면서 우주자원 탐사와 개발의 가능성이 점차 높아지고 있습니다.

이제 과학기술이 놀랍게 발전하면서 우주광산 시대가 예상보다 훨씬 빨리 올 것이라고 합니다. 그런데 정작 문제는 기술적 부분이 아닐 수 있습니다. 오히려 정치적 문제가 더 중요한 이슈로 대두되고 있지요. 즉 지금 시도되고 있는 민간기업의 우주개발 사업이 기존의 우주자원에 대한 국제 협정과 충돌하는 부분은 없는지, 또 혹시 충돌한다면 어떻게 조정해야 할지가 관건입니다.

일찍이 미·소 냉전체제에서 미국과 소련의 경쟁이 지구를 넘어 우주로 확장되면서 사실상 미국과 소련이 우주를 독점적으로 점유할 것이 우려되자, 유엔 총회에서는 우주에 대한 논의를 시작했습니다. 그 결과 1967년 '달과 기타 천체를 포함한 외

기권의 탐색과 이용에 있어서의 국가 활동을 규율하는 원칙에 관한 조약(일명 우주조약)'이 체결되었죠. 우주조약의 가장 핵심적인 부분은, 인류의 공공이익으로서 모든 국가가 우주를 자유롭게 탐사하고 이용할 수 있으나 국가주권에 의한 영유권의 행사는 금지한다는 규정이었습니다. 그런데 '인류의 공공이익'이라는 규정이 우주개발의 공공성을 밝히기에는 부족했고, '자유로운 탐사와 이용'이라는 언급도 향후 논란의 불씨가 되었습니다.

그러자 좀 더 명확한 규제를 위해 1979년에는 달과 천체의 천연자원을 '인류의 공동 유산'으로 규정하는 '달과 기타 천체에서의 국가의 활동에 적용되는 협정(일명 달협정)'이 맺어졌습니다. 하지만 우주조약을 미국과 유럽 등 100여 개 국가들이 수용한 것과 달리 달협정을 받아들이는 국가는 매우 소수였으며 그 소수의 국가도 실제로 우주탐사를 실행할 수 있는 기술을 보유한 국가는 아니었습니다. 우주자원이 인류의 공동 유산으로 묶여 탐사와 이용의 제한이 엄격해지는 것을 많은 국가와 기업들이 원하지 않았기 때문이겠지요. 그래서 우주자원의 개발은 아직까지도 논쟁의 대상이 되고 있습니다.

현재로서는 민간 기업의 우주개발 사업도 달협정보다는 우주조약의 영향을 받고 있습니다. 그런데 처음에 우주조약이 체결될 때부터 우주활동의 주체를 어떻게 볼 것인가의 논란이 있었습니다. 사회주의 국가였던 옛 소련은 국가에 한정하려 했고,

자본주의 국가였던 미국은 민간 기업도 우주개발에 참여할 수 있도록 해야 한다고 주장했습니다. 결국 이 대립은 하나의 절충안으로 봉합되었습니다. 민간기업의 우주활동을 인정하되 그 활동의 허가와 감독 그리고 책임 문제는 국가가 맡기로 한 것이죠.

사실 우주조약이 맺어질 때 기업 차원의 우주개발은 상상하기 힘든 것이었습니다. 그런데 우주개발의 패러다임이 1980년대부터 서서히 변하기 시작해서 2000년대 이후에는 확 바뀌었습니다. 우주개발을 주도하는 주체가 정부에서 항공우주 대기업으로 바뀌었고, 이제는 작은 규모의 벤처기업도 우주개발에 나서고 있지요.

이제 공공기관이 아닌 민간 기업이 우주광산 '사업'의 열기를 끌어올리면서, 달이나 행성에 있는 자원이 누구의 것이며, 기업이 그 자원을 캐오면 기업이 소유해도 되는지에 대해서도 생각해봐야 하는 세상이 왔습니다.

이에 대해 한편에서는 기업의 노력으로 채굴한 것인 만큼 소유권을 보장하고 정부의 재정적 부담을 덜면서 더 많은 개발을 유도해야 한다는 입장이 있습니다. 반면 우주자원에 대한 기업의 소유권을 인정하고 상업적 이용을 허용하면, 사실상 우주에 대한 사적인 점유를 용인하는 것이 되어 분쟁과 갈등만 키울 것이라고 보는 입장도 있습니다.

상업적 개발의 결과에 대해서도 기대와 우려가 엇갈립니다.

상업적 개발이 인정되면 소수 국가만 국한되었던 우주개발과 달리 더 많은 민간기업이 참여하여 지구에 풍요로운 자원을 무한정 제공할 것이라는 기대가 있는가 하면, 민간기업의 수익만을 늘리고 부의 불평등을 심화시킬 뿐 인류 전체를 위해 우주자원이 사용되지는 않을 것이라는 전망도 있습니다.

여기서 우주자원에 대한 기업의 소유권 인정과 상업적 이용을 둘러싼 두 입장을 살펴보는 것은 더 이상 꿈같은 이야기가 아닌 우주개발 시대를 준비하는 데 도움이 될 것입니다.

 ## 우주개발 활성화

채굴에 대한 권리를 인정하자

만일 하늘에서 눈이나 비 대신 금은보화가 쏟아지면 어떨까요? 헛된 망상이라고 생각되겠지만 꼭 터무니없는 얘기는 아닙니다. 최근 우주자원 개발 사업의 진전을 보면 진짜 금은보화가 우주의 소행성에서 지구로 들어올 수도 있겠다는 생각이 들기도 합니다.

실제로 소행성에는 문자 그대로의 금은보화는 아니지만, 그런 비유가 이상하지 않을 만큼 귀중한 자원이 엄청나게 매장되어 있습니다. 하나의 예를 들어보죠. 2015년 7월 지구를 스쳐 지나간 '2011-UW158'라는 이름의 소행성의 경우, 매장된 백금이 1억 톤에 달한다고 합니다. 그야말로 백금 덩어리가 우주를 날아다니고 있는 셈이죠. 전문가들은 이 소행성 하나에서 얻을 수 있는 광물의 가치가 최대 5조4000억 달러(약 6491조3400억 원) 정도일 것으로 보고 있습니다. 이렇게 소행성 자체가 어마어마한 수익을 안겨줄 광물 덩어리인데, 그 자원이 지구로 내려온다면 하늘에서 금은보화가 쏟아진다고 봐도 무방할 것입니다.

그런데 이런 즐거운 상상을 현실로 만드는 데 커다란 장벽이 하나 놓여 있습니다. 바로 우주자원에 대한 기업의 소유권 문제입니다. 기업이 우주개발에 나서는 것을 놓고서 우주를 사유화하려는 속셈은 아닌지 걱정하는 사람도 있습니다.

하지만 우주개발에 나서는 기업이 주장하는 소유권에 대해서 오해와 편견이 존재합니다. 기업은 결코 한 국가가 영토에 대해 권리를 주장하듯, 달이나 소행성을 홀로 독차지하여 영유권을 행사하려는 것이 아닙니다. 우주조약에서 우주의 국가적 전유를 금지했는데 기업이라고 해서 그것을 어길 수는 없지요. 기업들이 원하는 것은 우주자원을 채굴하여 가져올 수 있는 권리입니다. 이는 영유권 행사와 아무 관련이 없습니다. 또한 기업이 소행성 등에 매장된 자원 자체에 대해 소유권을 인정받으려고 하는 것도 아닙니다. 단지 우주자원을 채굴해올 테니 채굴해온 자원에 대해서만큼은 소유권을 인정해달라는 것이지요. 즉 이는 민간 기업이 우주에 널린 자원을 직접 채굴했을 때 그 채굴한 자원을 소유하여 상업적으로 이용할 수 있느냐의 문제라고 볼 수 있습니다.

사실 매장된 자원이 아니라 민간 기업이 획득한 자원에 대해 소유권을 인정하는 건 상식적으로 충분히 납득할 수 있는 얘기입니다. 우주자원을 천연 과일이라고 생각해본다면 더욱 쉽게 받아들일 수 있습니다.

우리가 원시시대에 살고 있다고 생각해봅시다. 국가나 정해진 거주지도 없던 시절, 수렵채집 활동으로 생활하는 인류는 먹을거리를 찾아 이곳저곳을 돌아다녔을 것입니다. 그러다가 어느 날 커다란 과일나무 한 그루를 발견했습니다. 과일은 애석하게도 나무의 가장 높은 곳에 달려 있었죠. 이때 과일나무의 열매가 누구의 것인지 주장할 수 없습니다. 자연적으로 생성된 물건이니 누구에게도 소유권은 없는 것이죠. 같은 이치로 우주의 어떤 행성에 매장된 자원에 대해 누구도 소유권을 주장할 수 없습니다.

하지만 과일나무 꼭대기에 올라가 열매를 딴 사람이 있다면 어떨까요? 나무를 오르는 것은 매우 힘든 일이며 나무에 오르다가 떨어져 다치거나 죽을 수도 있습니다. 하지만 그 위험을 무릅쓰고 누군가 열매를 채취했습니다. 그 사람은 힘겹게 딴 과일이 자기 것이라고 주장합니다. 그러면 이것은 잘못된 주장일까요?

자연적으로 열린 과일나무의 열매를 두고 누구 소유라고 말할 수는 없겠지만, 그 과일나무에서 채취한 열매에 대해서는 채취한 사람이 소유권을 주장할 수 있을 것입니다.

천연 과일이라도 누군가 땀 흘려 수확한 열매는 과일나무와는 별개로 그 사람 개인 소유의 물건이 된다고 볼 수 있습니다. 여기서 주목할 것은 노동하여 천연 과일을 얻었다는 사실입니다. 우연히 나무에서 떨어진 과일이라면, 발견한 사람들끼리 서로 가지려고 다툴 수도 있겠지요. 하지만 누군가 힘들여 딴 과일에 대해서는 모든 이가 그 사람 개인의 것이라고 인정해줄 것입니다. 이렇듯 자연의 일부라도 인간의 노동이 들어간 것에 대해서는 그 소유권을 인정할 수 있습니다.

소행성에 매장된 자원에 대해서도 똑같은 논리를 적용할 수 있습니다. 즉 우주는 누구의 소유도 아니지만, 우주개발 사업으로 힘들여 채굴한 자원에 대해서는 소유권을 인정해줄 수 있다는 것입니다.

나아가 그저 바라보기만 하던 천연 과일을 인간의 손 안에 가져온 사람에게 우리는 칭찬과 격려를 아끼지 말아야 합니다. 천연 과일을 그대로 놔두면 아무 가치가 없습니다. 썩어 없어지거나 까치밥이 되고 말았을 겁니다. 하지만 그것을 힘들여 따서 가져오면 나무 밑에서 열매가 떨어지기만을 바라고 있던 사람들에게는 큰 축복이 아닐 수 없습니다.

우주자원의 경우도 마찬가지입니다. 우주자원이 아무리 많아봤자 우리가 사용할 수 없다면 무슨 의미일까요? 인류의 공동 자산이라는 이유로 손도 대지 못하고 개발되지 않은 우주자원은 그림의 떡에 불과합니다. 우주자원은 가뜩이나 너무 '높은' 곳에 있어 접근하기도 힘듭니다. 이처럼 남들이 손도 댈 수 없는 우주자원을 지구로 가져온 사람은 인류의 영웅이라는 찬사를 받아도 모자르지 않습니다.

국가 주도 우주개발의 한계

그동안은 국가가 이 힘겨운 일을 앞장서 시도했습니다. 그것은 먼 장래에 닥칠지 모를 자원고갈의 위기를 내다본 현명한 선택이었습니다. 그런데 지금 국가가 주도하는 우주개발 사업은 점점 힘이 부치고 있습니다.

지난 1967년에서 1972년까지 미국 항공우주국NASA이 달 착륙 프로젝트에 사용한 예산은 190억 달러 이상이었습니다. 우주왕복선의 운영에 사용된 비용은 더 어마어마합니다. 나사의 우주왕복선 프로그램은 1982년 4월 컬럼비아호 발사로 시작되었는데, 총 5대의 우주왕복선이 135회 우주를 다녀왔습니다. 우주과학 전문 웹사이트 '스페이스 닷컴'에 따르면, 우주왕복선을 한 번 발사하는 데 드는 비용은 평균 15억 달러(약 1조 6000억 원)이고 누적된 비용이 1965억 달러(약 210조 원)에 이른다고 합니다.

우주개발에 들어가는 비용이 워낙 많아 정부 재정에 부담을 주다 보니 우주왕복선 프로그램 폐지 논의가 일었습니다. 특히 세계 경제에 큰 타격을 준 2008년 금융위기를 겪으면서 미국 정부는 더욱 재정 압박을 느끼게 되었죠. 그래서 우주개발 사업을 추진할 동력도 차츰 상실했습니다. 결국 미국은 2011년 7월 8일 아틀란티스호 발사를 끝으로 우주왕복선 사업을 포기했지요. 막대한 예산과 장기간의 개발 기간 탓에 정부 주도로 우주개발을 지속하기가 어려웠던 것이지요.

하지만 우주개발 사업을 멈출 수는 없는 노릇입니다. 지구에 있던 자원이 모두 고갈되는 날에 이르러서 우주 개발에 나서면 그때는 이미 늦습니다. 미리 대비해야 하지요. 물론 정부가 겪고 있는 당장의 재정적 어려움도 소홀히 할 수는 없습니다. 진퇴양난의 국면인 셈이지요

그런데 민간 기업이 우주 개발 사업에 뛰어들면서 정부의 재정적 부담을 덜어주기 시작했습니다. 우주개발 사업에 민간 기업이 새로운 활력소가 되고 있는 것입니다. 미국 컨설팅 회사 AT 커니에 따르면, 2014년 기준으로 우주산업의 76%를 민간 기업이 담당하고 있다고 합니다. 이제는 민간 기업의 참여 없이 정부의 힘만으로 우주 개발에 나서기 어려울 정도가 되었습니다. 민간 기업이 우주개발의 협력자이자 동반자가 된 거지요.

민간 기업은 우주개발 사업에서 탁월한 능력을 보여주었습

니다. 처음에는 정부의 지원을 받기도 했지만 이제 기업은 제 발로 서서 우주개발에 중요한 역할을 효율적으로 수행하고 있습니다. 특히 효율성을 중시하는 기업의 특성상 비용 절감 면에서 탁월한 성과를 보여왔습니다. 대표적인 성과가 로켓 재활용에 성공한 것이지요.

2015년 11월 미국 민간 우주기업 블루 오리진은 발사한 로켓을 무사히 회수하는 데 사상 최초로 성공했습니다. 블루 오리진에 뒤질세라 스페이스X는 2018년 12월 사상 최초로 같은 로켓을 세 번이나 재활용하는 데 성공했습니다. 당시 재활용된 로켓에 한국의 과학연구 위성이 탑재되어 있어 한국 언론의 특별한 주목을 받기도 했는데, 어쨌든 스페이스X가 이룬 성과는 우주개발에서 가장 핵심적인 사안인 비용 절감을 이뤄냈다는 점에서 더 주목할 만했습니다.

이처럼 민간 기업이 우주개발 사업에 적극적으로 뛰어든다면 로켓 발사 비용뿐만 아니라 다양한 면에서 비용을 줄이는 데 큰 성과를 낼 수 있을 것으로 기대됩니다. 이를테면 공장에서 물건을 생산할 때 작업장을 효율적으로 운영하여 생산성을 높여왔듯이, 우주자원을 채굴할 때도 그 혁신 능력을 발휘하여 가장 적은 비용으로 가장 많은 자원을 채굴할 수 있을 것입니다. 그것이 기업의 생리이니까요.

따라서 우주산업을 반드시 국가기관이 독점할 필요는 없습

우주개발은 국가의 주도로 시작되었지만, 이제는 국가 혼자서는 감당하기 힘들 정도로 규모가 커졌다. 따라서 민간 기업과 투자자들에게 우주로 향하는 문을 열어주고 함께 우주 시대를 열어갈 수 있도록 해야 한다.(중앙일보, 2017년 8월 19일)

니다. 오히려 민간 기업의 참여를 독려함으로써 정부의 재정적 부담을 덜고, 더 효율적으로 우주자원을 개발하는 게 낫습니다. 우주자원 개발을 위한 경제적 부담은 줄이면서 실질적 성과는 더욱 늘리자는 겁니다. 국가 단위에서 위로부터의 지시와 관리로 이뤄지는 개발 활동보다 민간 기업이 주도하는 아래로부터의 자발적인 개발 활동이 더욱 효율적인 자원 채굴을 가능하게 할 것입니다. 다양한 기업이 다양한 방식으로 다양한 자원을 채굴해올 것이기에 지구 인류는 풍부한 우주자원에 힘입어 더욱 생동감이 넘치고 밝은 미래를 열어젖힐 수 있겠지요.

여기에 필요한 것은 민간 기업에 우주자원에 대한 소유권을 인정해주는 일입니다. 기업은 이득이 있어야만 사업에 나섭니다. 막대한 비용과 위험을 무릅쓰고 우주에서 자원을 캐 와도 이윤을 거둬들이지 못한다면 누가 그 일을 하겠습니까? 반면 채굴한 우주자원에 대한 기업의 소유권을 인정해준다면 여러 기업들이 경쟁적으로 우주자원 개발에 나서게 될 것이고, 기술 개발 속도도 더욱 빨라지겠지요.

혁신은 경쟁에서 비롯됩니다. 우주자원 개발로 기업이 얻는 수익은 이러한 경쟁을 촉진시키는 유인이 될 것이며, 치열한 경쟁 속에서 혁신이 나타날 겁니다. 그 혁신은 특정 기업에만 도움이 되는 것이 아니라 우주 산업을 전체적으로 발전시킵니다.

우주자원을 개발하는 기업만 성장하는 게 아닙니다. 그 우주자원을 이용하는 산업의 발전도 크게 기대할 수 있죠. 나아가 기업에 고용되는 노동자나 기업에서 생산하는 제품을 구매하는 소비자도 혜택을 볼 것이기에 기업의 우주자원 개발이 주는 효과는 전체 사회에 긍정적으로 미친다고 할 수 있습니다.

예를 들어 희토류는 휴대전화를 비롯하여 컴퓨터, 전기자동차, 풍력 발전 모터, 액정표시장치LCD의 핵심 부품으로 '첨단산업의 비타민'이라고 불리는데, 지구에서는 매장량 자체가 너무 적어 비싼 가격에 거래되고 있습니다. 하지만 우주에는 희토류가 풍부하기 때문에 만약 우주에서 희토류를 가져올 수 있으면 소비자도 더욱 싼 가격에 첨단제품을 살 수 있겠지요. 따라서 소

수 기업의 이익을 아니꼽게 볼 게 아니라 사회 전체가 얻는 이득을 먼저 생각하는 게 현명한 태도가 아닐는지요.

지구로 들어오는 우주자원은 희토류만이 아닙니다. 수없이 다양하고 방대한 우주자원이 우리 눈앞에 놓이겠지요. 자원 고갈을 걱정하던 지구 인류에게 기업이 가져오는 자원은 새로운 문명을 일으킬 힘이 될 것입니다.

 ## 우주의 사유화

태양을 누가 소유할 수 있을까

1980년 미국에서 데니스 호프는 '달 대사관Lunar Embassy'이라는 회사를 설립하고 달의 토지를 판매했습니다. 회사 명칭도 재미있고 어쩌면 엉뚱해 보이기도 하지만 데니스 호프는 한낱 장난이 아니라 나름대로 진지하게 사업을 벌였습니다. 달의 토지 1에이커(약 1200평)를 '달나라' 세금을 포함해 우리나라 돈으로 약 3만 원에 분양하고 땅을 산 이에게는 직접 제작한 가상의 부동산권리등록부에 소유권을 등록하고 권리 증서를 주었습니다.

데니스 호프가 과연 무슨 권한으로 달의 토지를 판매했을까요? 사실 그는 달과 아무 관련이 없었습니다. 하지만 약 40년 동안 600만 명에게 달 토지를 판매했고, 70억 원의 수익을 올렸습니다. 화성과 금성의 토지도 같은 방법으로 판매해 수백억 원을 벌어들였습니다.

황당해 보입니다만 달 토지 분양 사업은 일종의 이벤트였습니다. 우주조약에서 국가의 우주 천체 소유는 금지했지만, 개인의 소유는 언급하지 않은 데 착안해 벌인 사업이었죠. 우리나라에도 이와 비슷한 사업이 있습니다. 약간의 돈을 받고서 별에다가 자신이 원하는 이름을 붙여서 선물해주는 서비스입니다. 흔히 연예인 팬클럽이 자신들이 좋아하는 연예인의 이름을 붙여서 선물해주죠. 물론 그렇게 별을 판매한다고 해서 국제천문연맹IAU이 규정한 별의 이름이 바뀌는 것도 아니고 실제 소유권을 갖는 것도 아닙니다.

그런데 만일 이벤트가 아니라 실제로 소유권을 판매하는 것이라면 어떨까요? 이때는 누구라도 '대동강 물을 팔았다는 봉이 김선달이 따로 없구나'라고 생각할 것입니다. 우주자원에 대한 소유권 주장도 그런 봉이 김선달 식의 발상과 같습니다.

모든 사람의 머리 위에 있는, 저 하늘을 어떻게 개인이 소유할 수 있겠습니까? 저 하늘 위에 있는 자원을 어떻게 개인이 소유하여 사고 팔 수 있겠습니까? 그것은 누구의 소유도 아니며 인류 공동의 자산입니다. 물과 공기, 바람과 햇살처럼 저 우주에 속한 자원도 모두 개인의 소유가 될 수 없습니다.

우주개발 사업에 뛰어든 많은 기업에게 우주자원의 소유권을 인정해주자는 주장도 이처럼 납득하기 힘든 것입니다. 누구의 소유도 아니었던 자연 자원에 대해 소유권을 주장하는 것이니까요. 상업적 우주개발이 허용되면 이런 이치에 맞지 않는 말을 할 사람이나 기업은 더욱 많아지겠지요.

물론 우주자원 개발에 나선 기업들이 우주 자체 혹은 우주의 토지에 대한 소유권을 주장하지는 않습니다. 채취한 우주자원에 한하여 소유권을 인정해달라는 것을 모르는 바는 아닙니다. 하지만 이러한 요구는 마치 토지에서 자원을 채취하면서 토지는 전혀 손을 대지 않는다고 말하는 것으로 사실상 억지에 가깝습니다. 채집 활동의 실제 풍경을 떠올려 보면 그들이 말하는 주장이 논리적으로 얼마나 많은 문제가 있는지가 명명백백해지죠.

소유권이란 게 존재하지도 않았던 인류 역사 초기. 어느 숲속에 산딸기 군락이 형성되어 있습니다. 야생 동물이 매년 아무리 떼어 먹어도 주렁주렁 열립니다. 어느 날 먹을거리를 찾아 나선 초기 인류의 한 무리가 그 산딸기 군락지를 우연히 발견하고 산딸기 채취에 나섭니다. 그리고 채취한 산딸기는 자기 것이라고 주장하겠죠.

그런데 다시 그 옆을 지나가던 또 다른 무리가 그 광경을 보고 본인들도 그 산딸기를 채취하려 할 수 있습니다. 그럼 기존에 산딸기를 채취하던 무리가 그것을 순순히 허용할까요? 산딸기가 지천에 널려 있어 문제가 안 될까요? 처음에는 여기저기 널려 있어 문제가 발생하지 않을 수도 있겠죠. 하지만 여기저기서 채취하다가 다 먹고 나면 얼마 남지 않은 몇 개의 나무로 몰려들 것입니다. 그러면 서로 몸으로 밀치기도 하겠지요. 결국 다툼이 발생할 것입니다. 생존이 달린 문제 앞에서는 배려심이 쉽게 생기지 않을 테니까요. 그러면 우주자원의 경우는 어떨까요? 어떤 이들은 우주에는 자원이 워낙 많이 널려 있기 때문에 문제가 발생하지 않을 것이라고도 말합니다. 다툼이 있어도 사소한 정도로 그칠 거라고 말이죠.

하지만 산딸기 채취 과정을 좀 더 자세히 상상해보면, 다른 예측도 가능합니다. 여기서 산딸기를 채취할 때 자연스럽게 산딸기 군락지를 점유하게 된다는 사실에 주목할 필요가 있습니다. 얼마동안 거기에 머물지는 모릅니다. 하지만 산딸기를 모두 채취할 때까지는 그 자리를 차지하고 있겠죠. 군락지에서 얻을 수 있는 산딸기가 많으면 많을수록 그곳에 머무는 기간은 더 늘어날 것입니다. 그리고 자신들이 차지한 군락지에 대해서는 다른 이들이 접근하는 걸 막겠지요.

우주자원의 채굴 과정에서도 이와 비슷한 상황이 일어날 것입니다. 처음 광산을 발견하고 갱도를 판 사람은 그 광산에서 다른 사람이 자원을 캐는 걸 허용하지 않을 겁니다. 갱도를 판 권리를 주장하고 독점적으로 소유하려 하겠지요. 기업은 그 광산에 계속 머물러 최대한의 자원을 채굴하려 할 것입니다. 채굴할

게 넉넉하다면 그 광산에 머무르는 기간도 늘어날 테고요. 우주 자원의 무한한 양에 기대감을 갖고 있는 사람들의 주장처럼 무한히 채굴이 가능한 곳이라면 점유 기간은 무한히 늘어날 겁니다.

이처럼 자원을 채굴하려면 기업은 불가피하게 해당 지역에 머물게 됩니다. 국제 조약을 통해 아무리 우주에 대한 점유를 허락하지 않더라도, 기업들의 자원 채굴을 허용한다면 이러한 무단 점유가 필연적으로 발생하게 됩니다. 그러면 점유를 제한하는 조약도 사실상 무력해지겠죠.

달이나 행성의 소유와 관련하여 아무런 권리도 없던 기업이 사실상의 점유를 하게 되면 그때부터는 자기 권리를 주장하고 나설 수 있습니다. 자신이 채굴하고 있는 현장을 다른 기업이 침해하려 하면 그에 맞서고, 땅에 대한 권리는 자신들에게 있다고 주장할 것입니다. 그때가 되면 본래 그 우주의 땅에는 주인이 없다고 근원적인 문제제기를 해봤자 받아들여지지 않을 것입니다. 자연스럽게 기업이 우주의 영토를 차지해 나가겠죠. 조금씩 인류의 공동 자산이 사유화되는 겁니다.

이처럼 민간 기업이 채굴한 우주자원에 대한 소유권을 인정하지 않으려는 이유는, 그것이 채굴한 자원의 소유에 그치지 않고 채굴 현장에 대한 점유와 궁극적으로는 그 토지에 대한 소유권으로 이어질 것이 불 보듯 뻔하기 때문입니다.

국가 간 우주 분쟁의 단초

나아가 이것은 기업 간 갈등을 넘어 국가 간 분쟁을 야기할 씨앗이 될 수도 있습니다. 애들 싸움이 어른 싸움이 된다는 말이 있듯이 기업 간의 갈등은 국가 간 갈등으로 이어질 가능성이 높습니다. 이와 관련하여 눈여겨봐야 할 것이 2015년 미국 의회가 제정한 '상업적 우주 발사 경쟁력 법'입니다. 이 법안은 우주에 대한 상업적 탐사를 허용하고 민간 기업에 우주자원을 이용 및 판매할 수 있는 권리를 부여하는 내용입니다. 상업적 우주 활동에 참여하는 민간 기업들은 이 법에 근거해서 우주자원의 소유권을 주장할 수 있게 되었습니다. 더불어 미국 정부는 이 법안에 근거하여 우주상업사무국을 설치하고 우주개발에 참여하는 민간 기업을 지원하기로 했습니다. 특히 논란이 될 수 있는 부분은 자국의 민간 기업이 우주자원을 탐사할 때 그에 대한 방해가 있으면 정부가 나서서 자국 기업을 보호하겠다고 선언한 점입니다.

예컨대 미국 기업이 상업적 목적으로 우주자원을 채굴할 때 다른 국가의 기업과 분쟁이 생기면, 미국 정부가 나서서 타국 기업의 우주개발 활동을 제압할 수 있다는 겁니다. 미국이 이렇게 자국 기업의 보호에 나서면 다른 나라들은 가만히 보고만 있을까요? 잇따라 비슷한 법령을 제정해 실력 행사에 들어갈 것입니다. 그렇게 되면 우주를 무대로 기업을 대리로 한 국가 간의 경

상업적 우주개발이 허용되면 강대국들이 기업을 앞세워 자원이 풍부한 소행성에 깃발을 꽂는 일들이 발생하지 않을까? 그것은 인류 사회에 크나큰 분쟁과 재앙의 씨앗이 될 수 있기에 우리는 이 문제에 신중에 신중을 기해야 한다.

쟁이 벌어질 것입니다.

　과거에 제국주의 시대에도 각 국가들은 자국의 국민이나 기업의 생명과 재산을 보호한다는 명분을 내세우며 다른 나라를 침략하고 식민지 점령에 나섰습니다. 제국주의 국가 간의 식민지 쟁탈은 결국에는 제1차 세계대전을 야기하기도 했지요. 이 같은 분쟁이 우주공간에서도 얼마든지 일어날 수 있습니다. 민간 기업의 우주자원 개발 허용은 결국 무분별한 우주 비즈니스 경쟁과 국제 분쟁을 초래할 가능성이 높습니다. 이미 미국과 중국 간에 갈등 조짐이 보이고 있지요. 미국은 민간 기업의 자원개발이 문제되지 않는다고 주장하지만 중국은 이러한 개발 행위가 우주조약을 어기는 것이라는 입장을 밝혔습니다. 지금은 성명서를 발표하는 수준에서 대립하고 있지만 민간 기업의 우주개발이 좀 더 현실화되면 이런 말싸움이 말로만 끝나지는 않을지도 모릅니다.

우주개발이 본격화될수록 이런 갈등 역시 현실이 될 것입니다. 지금은 실제로 우주자원 채굴이 이루어지지 않으며, 우주선을 보낼 만한 기술력을 갖춘 나라나 기업도 얼마 없습니다. 하지만 앞으로 자원채굴이 가능한 수준으로 기술이 발달하고, 여러 나라가 우주의 자원을 원하게 되면 문제가 표면화될 것입니다. 앞으로가 문제인 것이죠.

낙관론자들은 여러 기업들이 사이좋게 우주자원을 나눠 가지는 모습으로 우주개발을 상상하는 경향이 있습니다. 우주에는 자원이 거의 무한정 있다면서 말이지요. 하지만 아무리 우주자원이 풍부하더라도 갈등은 얼마든지 일어날 수 있습니다. 지금이야 우주자원이 널려 있어도 나중이 되면 더 풍부하고 경제성이 높은 구역을 두고 다툼이 일어날 것입니다. 이를테면 지구 가까이에 다가오는 소행성일수록 자원 채굴의 투자비용이 적게 들 것이기에 서로 그 소행성을 차지하려고 다툴 테지요. 항상 지구 주변에서 떠나지 않는 달은 또 어떻겠습니까? 그중에서도 특히 자원이 많이 매장된 '노른자위' 땅을 누구나 다 탐내지 않을까요? 달을 둘러싼 식민지 쟁탈전도 충분히 가능한 일이 될 것입니다. 인간은 그렇게 착하기만 한 존재가 아니니까요.

우주적 규모의 빈부격차에 대한 우려

한편 우주개발로 지구로 들어오는 우주자원 총량이 증가하면서 인류가 번영하고 발전할 것으로 보는 기대 역시 순진한 것입니다. 이제껏 자원을 둘러싼 모든 갈등은 총량이 부족해서 발생하기보다는 분배의 문제에서 비롯되었습니다. 이를테면 지구상에 식량이 부족해서 지금도 많은 사람이 빈곤에 허덕이고 있는 것이 아닙니다. 자원도 마찬가지입니다. 자원이 부족하기보다는 특정 국가에 필요한 것보다 더 많은 자원이 몰려 있고 일부 국가들이 과도하게 자원을 소비한다는 것이 문제의 핵심이지요.

특히 우주자원은 그 양이 방대한 만큼 공정하게 배분되지 못하면 그 자원을 소유하는 자와 그렇지 못한 자 사이에 극단적인 불평등을 낳을 수 있습니다. 상업적 우주개발의 환경에서 방대한 우주자원이 주는 이익은 인류 전체가 아니라 대부분 특정 기업에 돌아가고 말 것입니다.

막대한 자본과 기술력을 가진 민간 기업들은 우주광산 사업을 통해 말 그대로 떼돈을 벌게 되겠지요. 소행성 하나에서 얻을 수 있는 광물의 가치가 6500조 원을 넘는 경우가 있다고 하니 '억만장자'가 아니라 '조만장자'가 될 수도 있습니다. 그런 대기업을 거느린 국가는 지금보다 훨씬 더 부유해질 테고요.

반면에 이로부터 소외된 국가나 국민들에게 미래는 더욱 암울할 뿐입니다. 이윤 추구가 목적인 기업들이 가난한 국가에 자원을 공짜로 나눠 줄 리가 있겠습니까? 우주자원의 대량 유입으로 기술이 발전하고 경제가 성장한다고 해도, 그건 우주개발에 나설 수 있는 일부 선진국들끼리의 이야기일 뿐이겠죠. 나머지에게는 그 모든 것이 그림의 떡일 뿐이며, 오히려 상대적 박탈감이 커져 살아갈 의욕이 뚝 떨어질 것입니다. 어쩌면 불만이 쌓여 폭발하고 국제적 갈등이 불거지기도 할 것입니다.

오늘날에도 세계에서 발생하는 다양한 갈등은 많은 부분 불평등과 상대적 박탈감이 그 근본 원인입니다. 그 때문에 심지어는 테러와 군사적 분쟁까지 일어나지요. 앞서 말했듯 제1차 세계대전 또한 식민지를 둘러싼 갈등이 그 원인이었음을 잊어서는 안 됩니다. 자원을 둘러싼 싸움은 자원이 적어서가 아니라, 자원을 불평등하게 소유하기 때문에 더 많이 일어납니다. 우주자원을 둘러싼 분쟁은 다시 세계대전을 불러올지도 모릅니다. 그리되면 지금까지 인류가 이룩해놓은 문명사회는 허무하게 무너지겠지요. 이런 양상은 지금까지 세계 곳곳에서 일어나는 사회적 갈등의 역사를 통해 이미 확인된 바입니다. 따라서 우주자원의 증가가 인류에게 번영과 발전을 선사하리라는 순진한 기대에 빠지기보다는, 상업적 우주개발로 인해 전세계적인 불평등이 증가하지는 않을지 경계해야 합니다.

우주자원 개발의 목표는 인류 공동의 번영에 두어야 합니다. 하지만 우주자원에 대한 상업적 개발의 허용은 인류 공동의 번영과 발전과는 거리가 너무도 멀지요. 처음부터 우주자원을 공유의 대상으로 보지 않기 때문입니다.

우주자원을 인류의 공동 유산으로 본다는 것은 해당 자원을 개발함으로써 얻는 이익이 국제적으로 공유되어야 한다는 것을 의미합니다. 하지만 민간 기업의 우주자원 개발 사업을 허용하고 그 뒤에서 경제 선진국이 법적으로 민간 기업의 소유권을 보호해준다면 우주자원은 공동의 자산으로 활용될 수 없습니다.

우주시대는 지금까지 경험했던 것과 다른, 그야말로 새로운 세상이 될 것입니다. 우리는 그 출발선에서 사적인 소유권을 인정하여 지구에서 겪었던 사회적 갈등을 우주로 확장시킬 것인지, 아니면 지구 밖 우주에서만큼은 그러한 갈등이 재발하지 않도록 새로운 세상을 기획할 것인지 기로에 서 있습니다. 그래서 우주자원에 대한 민간 기업의 소유권 인정에 더욱 신중하게 접근할 필요가 있습니다.

✚ 생각 플러스 ✚

우주자원에 대한 기업의 소유권 논쟁은 소유권을 인정했을 때 인류에 도움이 될지 혹은 폐해를 낳을지가 핵심적인 부분입니다. 그런데 이 논쟁에서는 우주자원 자체가 일으킬 수 있는 환경 문제는 빠져 있습니다.

우주자원의 유용성을 말하는 사람들은 우주자원이 해롭지 않다고 주장합니다. 이것은 일부 사실입니다. 예를 들어 달 표면의 먼지 위에 포함돼 있는 것으로 알려진 헬륨-3은 핵융합의 원료인데, 헬륨-3을 이용한 핵융합 반응은 환경에 해로운 중성자를 발생시키지 않는다고 합니다. 또한 헬륨-3 1그램은 석탄 40톤이 생산해내는 정도의 전기에너지를 생산할 수 있는데, 달 표면에 있는 매장량이 100만 톤에서 최대 5억 톤으로 예상된다고 하니 그것만 가지고도 인류 전체가 1만 년 동안 사용할 수 있을 것입니다.

그런데 우주자원 자체가 무해하다고 하더라도 그 엄청난 양의 자원이 지구에 들어올 경우 야기할 수 있는 2차적 환경오염 문제를 고려해야 한다는 주장도 있습니다.

나사는 소행성에 있는 자원 일부를 가져오는 것이 아니라 소행성에 추진 장치를 달아 아예 통째로 가져오는 대담한 프로젝트를 추진했습니다. 이는 소행성 자체를 우주선으로 변신시켜 이른바 '소행성 우주선'을 만드는 야심찬 계획입니다. 이 계획이 성공하면 지구에 엄청난 양의 자원이 들어올 겁니다. 그래서 과거 산업혁명 때보다도 더 큰 개발 붐이 일어날 경우 지구환경이 어떤 모습으로 변모할지 크게 우려된다는 주장이 있습니다. 산업혁명 이래 진행된 개발 경쟁이 지구 온난화를 비롯하여 돌이킬 수 없는 환경파괴를 일으켰던 것을 떠올리면, 앞으로 우주자원 개발이 상상할 수 없는 환경 재앙의 시작을 알리는 대사건이 될 것이라는 견해도 설득력이 있어 보입니다.

또한 우주자원을 지구에 들여와 정련하는 과정에서 발생하는 환경오염 문제도 고려해야 합니다. 이를테면 희토류는 방사성 원소가 포함돼 있어 정련 과정에서 방사성 폐기물이 나와 주변의 흙과 물을 오염시킬 수 있습니다. 희토류는 중국에 많이 매장돼 있다고 알려졌는데, 사실 중국만큼 많지는 않지만 미국에도 상당히 많은 양이 매장되어 있습니다. 그런데 미국은 거의 중국에서 희토류를 수입하는데 그 이유도 희토류를 정련하는 과정에서 환경오염이 발생할 것을 우려하기 때문입니다.

지금은 희토류가 희귀하여 그로 인한 환경오염도 비교적 큰 문제가 되지 않을 수 있었지만 앞으로 소행성에서 희토류를 대량으로 유입한다면 그만큼 환경오염도 더 심해질 것이라는 우려가 있습니다. 지구 밖에 있는 물질을 지구 내로 들여오면서 발생할 수 있는 오염이나 환경파괴는 결코 가볍게 다룰 수 없는 문제이지요.

이처럼 우주시대에는 우리가 예상치 못했던 많은 일들이 일어날 수 있습니다. 그때 우리는 풍부한 자원에 삶의 풍요를 만끽

하며 살아갈까요? 아니면 인류 역사 최대의 불평등을 보게 될까요? 또는 예기치 못했던 오염과 사고로 지구 환경이 파괴될지도 모르지요. 그렇게 되어 지구에서 살 수 없다면 우리는 달과 화성에 새로운 식민지라도 만들어야 할까요?

실제 아닌 가상 행위 VS 현실과 동일한 범죄

언론이나 인터넷에서 '죽기 전에 가봐야 할 곳' 혹은 '일생 동안 꼭 가봐야 할 곳'이라는 제목으로 세계 유명 여행지를 소개하는 걸 본 적이 있을 것입니다. 조금은 자극적인 이런 표현과 환상적인 풍경 사진을 본 사람들은 누구나 한번쯤은 큰마음을 먹고 그곳을 찾아가고 싶은 생각이 들겠지요. 하지만 돈과 시간이 문제입니다. 조금씩 저금하여 여행경비를 마련해도 가족들 시간을 모두 맞추기가 또 어렵습니다. 게다가 날씨도 문제입니다. 어렵게 해외여행을 가게 되었어도 날씨가 좋지 않으면 기대했던 풍경을 보지 못합니다. 이를테면 미국의 그랜드 캐니언은 날씨가 좋지 않으면 기대하는 웅장한 풍경을 보지 못하죠. 실제로 찾아간 여행지 모습이 사진이나 영상에서 본 것만 못한 경우가 많습니다.

하지만 가상현실에서는 이 모든 제약 조건들에 구애받지 않는 여행을 경험할 수 있습니다. 어디 여행뿐인가요. 실제 현실에서는 여러 제약으로 인해 쉽게 할 수 없었던 경험들을 가상현실에서는 마음껏 할 수 있습니다. 여권 없이도 국경을 넘어 세계 주요 여행지에서의 휴가를 즐길 수 있을 뿐만 아니라 과거의 역사 현장에 들어가 그 주역이 될 수도 있습니다. 최고의 축구선수가 되어 월드컵 무대를 밟을 수도 있고, 패러글라이딩을 하며 창공을 누빌 수 있으며, 스킨스쿠버가 되어 깊은 바다에서 온갖 물고기와 인사를 나눌 수도 있지요.

가상현실은 다양한 분야에서 활용되고 있습니다. 군사 훈련 분야에서 시작하여 이제는 게임이나 교육·영화·방송·전시·관광·의료 등에서 널리 활용되지요. 그리고 가상현실 기술은 기존의 컴퓨터 시스템 자체를 바꿔놓고 있습니다. 얼마전만 해도 가상 공간은 간단한 장치로 3D 화면이나 가상 시뮬레이션을 경험하는 정도였지만, 기술의 발달로 점점 실제와 비슷하게 느껴지는 수준이 되고 있습니다.

이를테면 가상현실을 활용한 게임은 기존의 온라인 게임과 확연히 다릅니다. 기존 온라인 게임과 비교할 수 없을 정도의 현장감으로 인해 게임 상황에 따라 몸이 반응하여 감각과 감정이 실제처럼 느껴질 수 있습니다. 그래서 사람들은 실제로 자신이 가상 공간 안에 존재한다고 착각하기도 합니다.

나아가 가상현실에서 사용자는 수동적인 존재가 아닙니다. 사용자가 직접 참여하여 경험할 수 있기 때문입니다. 사용자의 손가락 움직임이나 표정·몸짓 등이 가상현실에 반영될 수 있고, 사용자 스스로가 능동적으로 정보를 찾아 자기 것으로 만들 수도 있지요. 여러 명의 사용자가 상호작용할 수도 있으며, 뇌의 반응을 감지해 반응하는 가상현실도 곧 상용화될 것으로 알려져 있습니다.

그렇다면 나날이 기술이 발달하여 일상생활에서 묵직한 자리를 차지하고 있는 가상현실을 어떻게 이해해야 할까요? 과연 가상현실도 현실 세계의 일부로 인정할 수 있을까요? 아니면 온전히 별개로 구분지어 생각해야 할까요?

나아가 더 중요한 문제도 생각해봐야 합니다. 과연 가상현실에서 일어나는 범죄적 행위를 어떻게 평가해야 할까요? 이것은 보다 실질적인 문제입니다. 가상현실을 상상의 세계로만 본다면 가상현실에서 일어나는 일들은 허구에 불과할 수 있습니다. 하지만 가상현실을 현실과 직접 잇닿은 공간으로 본다면 가상현실에서 일어나는 범죄적 행위는 무심코 지나칠 수 없습니다.

2016년 10월 가상 공간에서 성추행 피해를 입었다고 주장한 벨라마이어가 겪었던 사례를 한번 볼까요? 사건은 그녀가 가상현실VR을 구현하는 '퀴브이알QuiVR'란 이름의 게임을 체험하며 벌어졌습니다. 벨라마이어는 가상현실에 몰입했습니다. 좀비를 활로 쏴 쓰러뜨려서 성을 보호하는 이 게임에서 그녀는 실제와 같은 공포를 느끼기도 했고, 이 공포를 극복할 때는 마치 신이라도 된 것 같았다고 합니다.

하지만 온라인에 접속한 다른 사용자와 함께 즐기는 '멀티플레이어' 모드에서 그녀는 매우 불쾌한 경험을 하게 됩니다. 'BigBro442'란 아이디를 쓰는 사용자의 캐릭터가 같이 게임을 하다가 갑자기 벨라마이어의 캐릭터 신체를 만지며 성추행을 한 것이죠. 가상현실이었기는 하지만 수치심은 현실과 다르지 않았습니다. 벨라마이어는 언론사와의 인터뷰에서 "예전에 실제로 카페에서 성추행을 당한 적이 있는데, 그때의 쇼크와 크게 다르지 않았다"고 말했습니다.

벨라마이어가 이 경험을 블로그에 알리면서 논쟁이 벌어졌습니다. 논쟁의 핵심은 BigBro442가 벨라마이어에게 가한 성추행을 범죄로 보고 처벌할 수 있는지 여부입니다. 이 사건이 기존의 가상 공간에서 벌어진 일들과 다른 점은 실제 현실과 구분되기 어려운 상황에서의 경험이라는 것입니다. 근본적으로 가상현실 그 자체가 불러일으키는 문제인 것이죠.

이처럼 가상현실은 이제 '현실의 문제'가 되고 있습니다. 실제 현실과 흡사한 가상현실 기술이 발전하여, 가상현실이 현실

깊숙이 들어와 있는 만큼, 가상현실에서 일어나는 문제는 더 이상 소홀히 다룰 수가 없습니다.

실제 아닌 가상 행위

가상현실은 현실이 아니다

가상현실이 제 아무리 현장감과 몰입감이 높더라도 실제 현실과 같을 수는 없습니다. 비록 실제 현실보다 더 현실적인 것처럼 가상현실을 꾸몄더라도 실제 현실이 있는 그대로 가상현실에 반영되는 것은 아닙니다.

가상현실이 현실 세계와 다른 한, 가상현실은 오직 가상현실로만 다뤄져야 합니다. 그리고 가상현실에서 일어나는 일들은 모두 가상현실 속에서만 벌어지는 일로 봐야지 그것을 다시 실제 현실의 일로 소환해서는 안 될 것입니다.

앞에서 제시되었던 벨라마이어의 사례 역시 가상현실과 실제 현실을 구분하여 평가해야 합니다. 여기서 성추행범으로 지목된 BigBro442는 실제로 행동한 게 아닙니다. 만일 가상현실에서 벨라마이어를 성추행한 BigBro442를 범죄자로 취급하여 판사가 유죄로 판결한다면 그 형벌을 내리는 판사는 가상현실과 실제 현실을 제대로 구분하고 있는 걸까요?

문제의 핵심은 벨라마이어가 가상 공간과 현실을 구분하지 못하고 있다는 점입니다. 벨라마이어는 현실에서 성추행 피해를 받은 경험을 가상 공간에 투영해 그걸 실제처럼 느꼈던 것은 아닐까요.

이 사례가 우리에게 주는 시사점은 비교적 간단합니다. 가상현실에 대한 과도한 몰입은 가상현실과 실제 현실을 혼동하게 만든다는 것입니다. 가상현실에 빠져 실제 현실이 왜곡되는 일이 없도록 주의가 필요하다는 점을 깨닫게 해주고 있는 것이죠.

가상현실이 현실 세계를 바탕으로 하더라도 이 둘은 엄연히 다르기 때문에 별도로 봐야 합니다. 가상현실과 달리 현실은 진정한 것이고 본질적으로 변화하지 않습니다. 현실에서 적용되는 자연법칙은 달라지지 않았습니다. 지구는 태양을 중심으로 돌고 중력의 법칙에 따라 두 발이 땅에 붙어 있습니다. 모든 생명체는 자연법칙에 따라 존재합니다. 다치면 피를 흘리고 더 심하면 죽어서 존재가 사라지지요.

반면 가상현실에서는 현실에서의 변함없는 자연법칙을 떠나, 현실에서는 있을 수 없는 일들이 일어납니다. 중력의 법칙에 지배되지 않아 둥둥 떠다니기도 합니다. 현실에서 모든 생물은 죽기 마련인데 가상현실에서 캐릭터는 죽어도 죽지 않습니다. 폭행을 당해도 실제 아프지 않습니다. 캐릭터에 감정이입을 한 나머지 아픔을 느낄 수는 있지만 실제 멍이 들거나 골절이 일어나지 않습니다. 죽음에도 슬퍼할 필요가 없습니다. 다시 캐릭터를 선택해서 가상현실에 들어가면 되니까요. 현실에서는 물리력이 작용하지만 가상현실에서는 현실과 비슷한 느낌만 가질 뿐입니다. 하지만 그 느낌도 실제와 비슷하기만 할 뿐 같지는 않습니다. 그냥 가상의 느낌일 뿐이죠.

가상현실은 본질이 아닌 이미지로만 채워져 있기 때문에 의지에 따라 변할 수 있는 공간입니다. 색상·음성·형태 등이 그럴듯한 이미지로 만들어져 있고, 이런 이미지들을 달리 배열하거나 합성하고 또 변형하기도 합니다. 그래서 현실은 쉽게 변하지 않지만 가상 공간은 쉽게 바꿀 수 있습니다.

가상현실은 상상의 공간이기 때문에 현실 세계보다 훨씬 많은 것들을 할 수 있고 많은 것들이 허용됩니다. 현실에서는 불가능한 것이 가상현실에서는 얼마든지 가능하지요. 가상현실이 현실 세계를 바탕으로 전개된다 해도 그건 현실과 동일하지 않으며 동일할 필요도 없습니다.

두 세계의 경계는 유지되어야 한다

가상현실에서는 자신이 좋아하는 인기 연예인을 닮은 캐릭터와 연애를 할 수도 있을 겁니다. 영화 〈그녀Her〉에서는 주인공이 인공지능 사만다와 사랑에 빠지는 이야기가 나옵니다. 하지만 그 연애 감정은 허구의 대상과 느끼는 것이지 실제 대상이 있는 게 아닙니다. 또한 온라인 게임에서 유저들끼리 커플이 되고 결혼을 하는 경우가 있습니다. 몇 년 전 온라인 게임을 하는 아내가 게임에서 '가상의 남편'과 결혼을 했다는 글이 화제가 된 적도 있죠. 당연히 이런 건 진짜 결혼이 아닙니다. 그냥 소꿉놀이 같은 거죠. 게임상에서 결혼을 하고서 부부로 인정해달라고 한다면 모두가 어이없어 할 겁니다.

가상현실에서의 범행도 마찬가지로 봐야 합니다. 가상현실에서 일어나는 일은 진짜가 아니라는 거죠. 가상현실에서 폭력을 당했다고 진짜 몸에 상처를 입나요? 가상현실에서 죽었다고 진짜 목숨을 잃나요? 그런 일들을 폭행죄나 살인죄로 고발한다면 소가 웃을 일입니다. 현실과 가상을 착각한다는 소리를 듣겠지요.

실제 현실에서도 가끔 상상으로 상대를 공격하는 일이 있습니다. 이를테면 부적을 사용하는 경우이죠. 부적을 사용하여 상대방을 저주한다고 해서 이게 실제 해가 되지는 않습니다. 따라서 어떻게 처벌할 수도 없지요. 어떤 사람을 너무 미워해서, 인형을 그 사람이라 여기고 가혹 행위를 하는 경우도 마찬가지입니다. 인형에 미워하는 사람의 이름을 적거나 사진을 붙이고서는 못질을 하거나 팔다리를 부러뜨리는 장면이 드라마 같은 데서 나오기도 했죠. 그렇게 인형을 상대방의 분신이라고 여기고 인형의 팔을 부러뜨리고 분해하면 그것은 범죄일까요? 가상현실에 나오는 상대방 캐릭터도 장난감 인형과 같은 것입니다. 그것이 조금 더 실제처럼 보여도 그 대상과는 완전히 다른 것이죠. 거기에 어떠한 가혹 행위를 하더라도 그것은 모두 의미가 없는 일입니다.

그런데 가상현실에서 벌어지는 생각과 행동에 대해 정말로 현실의 법을 적용하여 처벌하면 어떻게 될까요? 적절해 보이진 않지만 만약 그렇게 한다면, 가상현실 세계는 큰 타격을 받을 겁니다. 예컨대 가상현실 격투게임에서 지나치게 폭력을 당했다며 신고하고 처벌하는 일이 벌어진다면, 게임이 운영될 수 없을 겁니다. 가상현실은 현실에선 할 수 없는 일들을 할 수 있기 때문에 가치가 있는 겁니다. 그런 가상현실을 현실의 법으로 규제하면 가상현실의 발전 가능성은 제약될 테지요.

가상현실에다 실제 현실의 법을 적용하는 것은 가상현실을 실제 현실처럼 다룬다는 것을 의미합니다. 그렇게 되면 실제 현실마저 혼란스러워질 수 있습니다. 예컨대 가상현실에서의 결혼을 실제 결혼처럼 취급한다면 어떻게 될까요? 실제 현실의 배우자와 가상현실의 배우자가 서로 자기가 진짜 남편 또는 부인이라고 주장하는 코미디 같은 상황이 발생할 수도 있습니다. 농담처럼 말했지만, 가상현실을 실제 현실처럼 취급하면 사회엔 골치 아플 문제가 속출할 겁니다. 상속 및 소유의 권리를 두고 법적 다툼이 빈번하겠죠.

VR 기술이 발달하면서 가상현실이 진짜 현실을 침범하고 있다. 특히 청소년들은 가상현실의 일을 현실 세계와 구분하지 못하고, 자아 정체성 혼란에 빠지는 문제를 겪을 수도 있다. 가상현실의 일을 현실의 법으로 재단하게 되면 두 세계의 구분은 더 희미해질 것이다.(머니투데이, 2017년 6월 7일)

　　무엇보다 우려할 점은 현실 세계의 질서를 다루는 법과 제도가 우습게 여겨질 것이라는 점입니다. 가상현실에서 벌어진 일들을 현실의 법대로 다루면 실제 현실에서 적용되는 법에 대한 신뢰도는 줄어들 수밖에 없을 것입니다. 따라서 실제 현실의 법치가 신뢰를 바탕으로 엄중히 집행되기 위해서라도 현실의 법을 가상현실에까지 적용하는 식으로 남용하지 말아야 합니다.

　　가상현실을 무법천지로 두자는 게 아닙니다. 다만 가상현실에서는 그 가상현실만의 규칙을 적용해야지, 현실의 규칙을 적용해서는 안 된다는 겁니다. 가상현실에서 겪은 불쾌한 경험은 가상현실을 관리하는 회사에 항의하면 되는 문제입니다. 가상현실에서 성추행 피해를 입었다고 느꼈다면, 관리자에게 해당 사용자에 대한 응분의 제재를 요청하거나 성적인 감각의 접촉이 불가능하게 시스템을 바꿔달라고 하면 됩니다. 굳이 실제 현실로까지 끌고 올 일이 아니라는 말이지요.

그래도 개선이 안 된다면 스스로 가상현실을 차단할 수도 있습니다. 가상현실에서는 불쾌한 느낌을 받는다면 언제라도 이를 물리칠 수 있습니다. 현실 세계에서는 가해자의 물리력이나 권력 탓에 피해자가 말 못하고 피해를 입는 경우가 많습니다. 하지만 가상 공간에서는 그렇지 않습니다. 가상현실 속에서 피해를 입는다는 느낌을 받는다면 누구라도 그로부터 쉽게 벗어날 수 있습니다. 접속을 종료하거나 컴퓨터를 꺼버리면 그만이죠.

요컨대 가상현실을 실제처럼 다루면 실제 현실을 모두 우스꽝스럽게 만들 수 있습니다. 상상의 세계에 지나치게 높은 가치를 부여하면 현실의 존재 가치는 줄어들 것입니다. 가상현실이 보편화된 시대에 우리에겐 가상과 실제를 구분하여 현실 세계를 지켜내려는 자세가 필요하지 않을까요?

 ## 현실과 동일한 범죄

가상현실을 활용하는 건 실제 사람이다

가상현실을 단지 현장감과 몰입감만으로 실제 현실과 구분하기 어렵다고 평가하는 것은 가상현실을 결코 이해하고 있는 게 아닙니다. 여기서 반드시 주목해야 할 것은 가상현실과 실제 현실이 연결되어 있다는 점입니다. 이 연결고리는 가상현실이 현실의 연장선상에 있다고 볼 수 있는 중요한 근거가 됩니다.

가상현실이 현실 세계와 연결되어 있는 한 가상현실은 엄연히 또 하나의 사회적 공간입니다. 그리고 그곳에서 벌어지는 일들은 모두 실제로 벌어지고 있는 일들과 관련되어 있고, 본질적으로 다르지 않습니다. 그래서 가상현실에서 벌어지는 사건의 성격을 파악하는 것이 중요합니다.

앞에서 사례로 제시된 BigBro442의 성추행 사건은 Big-Bro442라는 가해자가 있고 벨라마이어라는 피해자가 존재합니다. 또 BigBro442는 벨라마이어에게 명백한 동의를 구하지 않은 채 성적인 접촉을 했습니다. 이것은 실제의 성폭력 사건과 크게 다르지 않습니다.

그래서 피해자의 느낌과 감정에 주목해야 합니다. 즉 가해자가 대수롭지 않게 생각했을지라도 피해자의 피해 정도가 결코 가볍지 않다는 점이 강조되어야 하지요. 벨라마이어의 입장이 중요합니다. 벨라마이어가 느낀 것은 단순한 상상의 느낌에 불과한 게 아닙니다. 잠을 자고 일어나 악몽을 꿨구나 하고 넘길 일이 아닌 겁니다. 꿈은 상대가 없이 혼자 꾸는 것이지만, 가상현실은 실제 상대와 상호작용하는 것입니다. 진짜가 아니라는 이유로 꿈과 비슷하게 취급할 수 없습니다.

나아가 가상현실에서 벨라마이어가 '실제로' 수치심을 느끼게 된 데는 원인 제공자가 있다는 점을 분명히 지적해야 할 것입니다. 만일 BigBro442의 성추행 시도가 없었다면 벨라마이어는 수치심을 느끼지도 않았을 것입니다. BigBro442가 캐릭터를 조종해 한 행동이 다른 캐릭터를 조종하는 실제 인물에게 수치심을 느끼게 했다면 그것은 엄연히 실제 행위라고 봐야 합니다. 가상의 캐릭터라 하더라도 그 캐릭터를 조종하는 실제 인물은 정신적으로 괴로움을 느낄 수 있습니다. 이것은 가상현실과 실제 현실을 구분 못하는 착각의 문제가 아니지요.

그럼에도 가상 공간에서 피해자가 느끼는 피해를 현실의 문제로 여기지 않는 것은 일방적으로 가해자의 입장에서 생각하거나 당사자가 아니기 때문일 것입니다. 그저 가상현실이 현실과 다르다는 이유를 들어 현실의 문제가 아니라고 외면하면 끝인가요? BigBro442의 입장에서는 가상현실이 실제 현실과 다르다고 해야, 범행의 책임으로부터 벗어날 수 있겠지요. 하지만 그는 단순히 가상의 캐릭터에 성추행을 한 것이 아니라, 그 캐릭터 뒤편에 있는 벨라마이어에게 성추행을 한 것입니다. 만약 벨라마이어가 실제 여성이 아니었다면 그는 그런 짓을 하지도 않았겠죠. 이렇듯 가상현실과 실제 현실은 동떨어져 있지 않습니다.

가상현실은 현실과 단절된 순수한 상상이 아닙니다. 가상현실 뒤에는 실제 현실이 존재합니다. 현실 세계에서는 찾아볼 수 없는 캐릭터가 등장하여 움직이고 있지만 그 캐릭터는 현실 세계에서 컴퓨터에 접속한 누군가의 의도에 따라 행동합니다. BigBro442의 성추행 사건은 BigBro442가 설정한 캐릭터의 문제가 아니라 BigBro442라는 아이디를 사용하는 사용자가 직접 개입한 사건입니다. BigBro442가 의도적으로 벌인 현실의 범죄인 것이지요.

가상현실도 현실의 확장이다

BigBro442의 성추행 사건은 가상현실과 현실의 구분을 둘러싼 논쟁에서 매우 중요한 시사점을 보여주고 있습니다. 즉 가상현실은 현실을 폐기하지 않는다는 겁니다. 가상현실은 현실보다 더 현실 같은 인공의 세계를 보여주는 것으로 끝나지 않고, 우리가 발 딛고 있는 진짜 현실의 상황을 고스란히 드러냅니다. 현실에서 파생된 게 가상현실인 것이죠. 가상현실은 이미 현실과 연계된 또 하나의 실제 공간이며, 이 둘이 합쳐져 하나의 세상을 이루고 있습니다.

인간의 감각은 컴퓨터와 인터페이스 기술의 발달 덕분에 현실 세계 너머의 세상, 즉 가상 공간으로 연장될 수 있습니다. 내가 의도하는 대로 가상현실의 캐릭터가 움직입니다. 마치 나와 캐릭터가 일체가 된 듯이 시각·청각·촉각을 통해 현장감과 생동감을 느끼죠. 인간의 실제 감각, 즉 눈으로 보고 귀로 듣고 피부로 느끼는 감각은 가상현실을 만나 더욱 확대됩니다. 그래서 우리는 가상 공간에서도 감정을 느끼고 표현할 수 있지요.

인간의 욕망도 가상현실에 투영됩니다. 그런데 가상현실에서는 현실에서 수용될 수 없는 욕망을 분출할 수도 있습니다. 현실에서는 점잖던 사람도 인터넷에서는 난폭한 말이나 심한 욕설도 서슴없이 하듯이, 현실 세계에서는 다른 사람의 시선이 두려워 차마 드러내기 어려웠던 공상과 독단이 가상 공간에서는 자유롭게 표출되고 있습니다. 본능적 충동에 이끌려 음란성을 드러내기도 하지요. 처벌이 두려워서 하지 못했던 범죄적 행위도 가벼운 마음으로 할 수 있습니다.

실제의 감각과 욕망이 가상 공간으로 확장되면서 나의 자아도 현실 세계에서의 정체성에 한정되지 않고 가상현실에서의 정체성을 포함하게 됩니다. 가상현실의 캐릭터는 현실 세계에서는 가려진 나의 또 다른 모습이기도 한 것이죠.

가상현실에서의 행동 역시 나의 행동입니다. 가상현실은 욕망하는 것을 꿈꾸는 수준을 넘어섰습니다. 욕망이 상상에 그치는 것이 아니라 행동으로 실체화되지요. 그것도 상상력의 발현이라는 그럴듯한 명분을 내세우면서 말입니다. 가상현실에서의 범죄행위도 다른 사람이나 가상의 캐릭터가 행한 게 아니라 본

2018년 개봉한 영화 〈레디 플레이어 원〉은 가상현실 게임이 거의 또 하나의 세계가 된 미래를 그린다. 이 게임은 현실을 뛰어넘는 경험을 선사하기에 수많은 사람들이 현실보다도 더 몰두할 정도다. 가상현실 세계가 사람들에게 그 정도까지 큰 비중을 차지하는 수준이 된다면, 그곳에서 벌어지는 범죄 역시 현실의 범죄처럼 무겁게 취급되어야 하지 않을까?

인이 저지른 것입니다. 다만 캐릭터를 통해 이뤄지고 있을 뿐이죠.

현실의 사용자와 가상의 캐릭터가 일체화되면서 실제 현실과 가상현실의 간극은 더욱 좁아졌습니다. 현실 세계의 사용자는 캐릭터로 복사되었으며 캐릭터는 사용자의 분신으로서 가상 세계에서 활동합니다. 가상현실에서 움직이는 캐릭터는 실제 사용자가 내리는 명령에 따를 뿐이지요. 차를 운전하다가 사람을 치어 다치게 했는데, "내가 다치게 한 게 아니라 차가 다치게 한 것"이라 변명하는 게 말이 될까요? 캐릭터의 행동에 책임을 져야 하는 건 그 캐릭터를 움직이는 사람입니다. 캐릭터의 움직임은 모두 사용자의 의지에 따른 것이죠. 따라서 가상 공간에서 캐릭터의 범행은 현실 세계에서의 사용자가 의지를 갖고 한 행동입니다. 따라서 가상 공간에서의 범죄는 단순히 상상의 결과가 아닙니다. 상상을 행동으로 옮긴 범죄이지요.

또한 사람들은 이미 가상 공간을 또 하나의 현실로 인정하고 있습니다. 예컨대 많은 사람들이 게임상의 돈이 아닌 실제 현금으로 게임 내 아이템을 구매하곤 합니다. 이처럼 현금으로 캐릭터의 아이템을 구매한 사람은 확실히 가상 공간을 가상으로만 보고 있지 않은 게 분명해 보입니다. 그리고 실제로 그런 게임 아이템을 훔친 경우는 사기죄로 처벌하고 있습니다. 즉 이미 가상 공간에서의 일도 현실의 일부분으로 취급되고 있는 거지요.

앞으로 가상현실 기술이 더 발달할수록 현실과 가상현실 사이의 장벽은 점점 희미해질 것입니다. 가상 공간에서의 아이템이 실제 경제적 가치를 가지듯이, 가상현실에서 벌어지는 일들이 실제 현실에 영향을 주는 일들도 더 많아지겠고요. 그런 만큼 가상현실에서의 범죄도 현실의 범죄만큼 치명적 피해를 줄 수 있습니다. 특히 성추행처럼 물질적 피해보다 정신적 피해가 핵심인 범죄는, 가상현실에서의 일이라도 피해자에게 깊은 상처를 남길 수 있습니다.

가상현실에서의 행위가 피해를 주고 있고 그 피해가 현실 사회에까지 이어질 수 있는데도 이를 처벌하지 않으면, 이는 범죄가 처벌받지 않고 횡행하는 공간을 허용하는 것과 다름없습니다. 만일 가상현실에서 일어나는 범행을 처벌하지 않는다면 범죄에 대해 무한정 허용되는 무법천지의 공간을 만들어주는 꼴이 됩니다.

가상현실을 이렇게 법의 사각지대로 만들면, 법의 적용을 받는 현실의 공간도 질서를 유지하기 어려워질 수 있습니다. 가상현실에서 무법 행위의 경험이 쌓이면서 본래의 현실로 돌아왔을 때도 범죄를 저지를 위험성이 높아질 건 뻔하지 않나요? 따라서 가상현실의 뿌리가 실제 현실에 있음을 분명히 하고, 가상현실에서도 범죄는 처벌된다는 것을 확실히 해야 합니다. 그래야 현실 세계도 안전해질 것입니다.

우리는 가상현실과 현실 세계를 인간이 살아가는 세상의 전체로 놓고 볼 필요가 있습니다. 가상현실의 문제가 현실 세계의 문제로 이어지고 현실 세계의 문제가 가상현실의 문제로 이어지는 세상입니다. 가상이라는 이유로 범죄에 대해 무감각해지는 것보다 예민하게 반응하는 것이 사회 전체에 더 이로울 겁니다.

✚ 생각 플러스 ✚

지금까지의 논의는 실제 현실과 가상현실의 구분에 기초하여 실제 현실이 중심이고 가상현실은 부차적인 것으로 다뤄온 경향이 짙습니다. 앞의 논쟁도 실제 현실에서 파생된 연장선상으로 가상현실을 보는 주장과, 실제 현실이 중요하므로 가상현실을 현실세계와 다른 것으로 봐야 한다는 주장의 대립이었지요.

그러면 가상현실에 대한 현실 세계의 우위가 역전되면 어떨까요? 꼭 무엇이 더 본질이고 진짜인지가 중요하지 않을 수도 있습니다. 더 중요한 것은 생활에서 그 공간이 차지하는 비중과 그 공간이 가지는 의미 및 가치 등의 문제일 것입니다. 이런 기준으로 볼 때 가상현실이 더 우위에 서는 것도 충분히 가능한 이야기입니다. 그렇게 되면 가상현실이 사용자의 삶에서 일부가 아니라 중요한 핵심이 되겠지요.

이를테면 집 밖으로 나오지 않고 온라인 게임만 하며 게임 속 세상에서 '거주'하는 사람도 있습니다. 이런 사람들을 흔히 게임 중독자로 규정하고 비정상적으로 취급하지만, 앞으로는 가상현실이 생활에서 차지하는 비중은 전반적으로 점차 높아질 겁니다. 가상현실을 활용하는 분야가 점점 늘어나 게임만이 아니라 생활 전면에서 활용될 수 있기 때문이죠.

특히 가상현실은 지루한 현실 세계와 다릅니다. 상상이 현실로 이뤄질 수 있기 때문에 지루해할 틈이 없습니다. 그래서 가상현실을 실제 현실보다 훨씬 더 매력적으로 느낄 수 있습니다. 현실에서 갑질 행위로 상처 입고 직장 동료나 상사와 갈등을 벌이

다보면, 이런 현실 속의 관계보다 가상현실 속의 관계가 더 소중하게 여겨질 수도 있지요. 그러면 가상현실 접속시간은 더욱 늘어날 겁니다.

이처럼 가상현실이 생활에서 차지하는 비중이 점차 높아질 때, 가상현실에 예속된 실제 삶은 중요성이 떨어지겠지요. 가상현실에서 억제된 욕망을 실현하고 원하던 것을 모두 찾을 때 그리하여 실제 현실로 나올 이유가 없어질 때, 현실 세계는 피치 못해 잠시 들리는 정도가 될지도 모릅니다.

그러면 이때 현실 세계에서의 범죄는 가상현실에서의 범죄보다 의미가 더 적은 것으로 봐야 할까요? 이때도 가상현실의 범죄에 비해 현실 세계에서의 범죄 행위가 더 중요한 문제로 다뤄질 수 있을까요? 주관적 의미와 가치가 중시되면 실제 현실은 덜 중요한 것일까요?

범죄의 책임성 문제도 돌아봐야 합니다. 인터넷을 통해 연결된 가상현실 속 사용자들의 국적이 다르면 어느 나라의 법을 적용해야 할까요? 가상 공간에는 국경이 없습니다. 그래서 가상 공간에서 벌어지는 사건에 대해 어느 국가의 법률을 적용할지 매우 애매해집니다. 어느 나라의 법도 적용되기 곤란하다면 서버가 있는 국가의 법을 따라야 할까요?

한편 범죄가 가능하도록 게임을 설계한 프로그래머나 제조사의 책임에 대해서도 생각해볼 일입니다. 그들이 범죄를 조장하고 방조했다고 볼 수 있을까요? 제작자에게도 책임이 있다면 가상현실을 만들 때 지켜야 할 규칙도 있어야 하지 않을까요? 예컨대 의도를 벗어난 범죄적 행위는 불가능하도록 말이지요. 그러면 그런 규칙은 누가 어떻게 만들 수 있을까요? 그리고 그것은 현실세계의 법체계와 어떻게 달라야 할까요? 아니면 현실의 법률을 그대로 복사하여 적용해도 될까요?

참고문헌

디지털 흔적에 대한 잊힐 권리 : 프라이버시 보호 VS 알권리 위축

구본권, 2016,『나에 관한 기억을 지우라』, 풀빛.

김회권·이규터,「디지털 나라의 '잊혀질 권리'를 찾아서」,『시사저널』 2011년 5월 18일.

빅토어 마이어 쇤베르거, 2011,『잊혀질 권리』, 지식의 날개.

박정훈, 2013,「잊혀질 권리와 표현의 자유, 그리고 정보프라이버시」,『공법학연구』 제14권 제2호.

한국정보화진흥원,「잊혀질 권리의 법적 쟁점과 개선방향」,『법제연구』 2012년 10월.

한수진,「한수진의 시사전망대: 잊혀질 권리 vs 알 권리…무엇이 우선일까?」, 〈SBS 뉴스』, 2016년 8월 6일

유전자 특허권 : 자연물에 대한 독점 VS 연구에 대한 보상

구대환,「DNA 단편에 대한 특허 보호의 문제점과 해결방안」,『인권과 정의』, 2009년 7월호, Vol. 395.

이가라시, 쿄우헤이, 2014,『인체특허표류기』, 맞닿음.

존 설스턴, 2004,『유전자 시대의 적들』, 사이언스북스.

장대익, 2006,「유전공학에 대한 인문학적 성찰」, 한양대학교 과학철학교육위원회 편,『과학기술의 철학적 이해』, 한양대학교 출판부.

제레미 리프킨, 1995,『바이오테크 시대』, 민음사.

동물실험 : 과도한 동물학대 VS 인간을 위한 필요악

레이 그릭, 2005,『탐욕과 오만의 동물실험』, 다른 세상.

레이 그릭·진 스윙글 그릭, 2006,『가면을 쓴 과학, 동물실험』, 다른 세상.

윤신원, 「가스 맡는 원숭이, 마스카라 바르는 토끼…동물실험 어디까지 허용?」, 『아시아 경제』, 2018년 1월 29일.

제레미 리프킨, 1995, 『바이오테크 시대』, 민음사.

피터싱어, 2005, 『동물해방』, 인간사랑.

자율주행차의 윤리적 딜레마: 인명을 중시하는 윤리적 시스템 VS 기계에 인간을 맡기는 무책임

김학진, 「인공지능은 누구를 살릴 것인가」, 『ScienceTimes』, 2017년 12월 19일.

신헌규 외, 「자율주행차 사고 누구 책임?…AI 윤리헌장 만들어야」, 『매일경제』, 2017년 6월 28일.

웬델 월러치·콜린 알렌, 2014, 『왜 로봇의 도덕인가』, 메디치.

이승준, 「자율주행자동차 사고시 형사책임에 따른 자율주행자동차의 운행과 책임에 관한 법률안 시도」, 『법제연구』, 2017년 제53호.

한국무역협회 브뤼셀 지부, 「유럽의 자율주행차 정책 및 산업 동향」, 『KITA Market Report』, 2017년 11월 24일.

로봇세 : 필요하며 정당한 과세 VS 과도한 징벌적 과세

이종태, 「정보통신기술이 체제를 뛰어 넘는다」, 『시사IN』, 2018년 8월 28일

제리 카플란, 2016, 『인간은 필요 없다』, 한스미디어.

존 조던, 2018, 『로봇 수업』, 사이언스북스.

클라우스 슈밥, 2016, 『클라우스 슈밥의 제4차 산업혁명』, 새로운 현재.

최민영, 「로봇세를 논의할 때다」, 『주간경향』, 2019.3.18. 1318호.

하선영, 「로봇세 내라 vs 말도 안 된다 … 인간들 싸움 붙었다」, 『중앙일보』, 2017년 2월 20일

KBS 명견만리 제작진, 2016, 『명견만리 : 미래의 기회 편』, 인플루엔셜.

빅 데이터의 소유권 : 데이터 제공자의 권리 vs 데이터 수집 기업의 권리

권오성, 「부모도 모르는 딸의 임신, 대형마트는 알고 있다」, 『한겨레』, 2016년 2월 10일.

정세라, 「1달러에 페북 '좋아요' 1000번…방글라데시서 '클릭 공장' 성업중」, 『한겨레』, 2013년 8월 5일.

정지형, 「데이터 캐피탈리즘 : 데이터 자본화 이슈」, ETRI, 『Insight Report』, 2016.

황두현, 「페이스북을 위한 수십억의 공짜 노동」, 『단비뉴스』, 2017년 4월 6일.

Evan Malmgren, 「Big Data's Hidden Labor」, 『Jacobin』, 2017년 3월 14일.

인간 유전자의 조작 : 주어진 운명의 극복 vs 다른 형태의 우생학

장대익, 2006, 「유전공학에 대한 인문학적 성찰」, 한양대학교 과학철학교육위원회 편, 『과학기술의 철학적 이해』, 한양대학교 출판부.

전방욱, 2017, 『DNA 혁명 크리스퍼 유전자 가위』, 이상북스.

데이비드 플로츠, 2005, 『천재공장』, 북앳북스.

상업적 우주개발: 우주개발 활성화 VS 우주의 사유화

김대순, 2010, 『국제법론(제15판)』, 삼영사.

김영주, 「우주자원의 상업적 이용에 관한 법적 문제」, 『항공우주정책법학회지』, 제32권 제1호, 2017년 6월.

민세주, 「실리콘밸리가 우주에 열광하는 이유」, 포스코경영연구원, 『POSRI보고서』, 2016년 5월.

박근태, 「우주에서 캐낸 희귀자원, 소유주는 누구?」, 『한국경제』, 2015년 8월 10일.

윤희은, 「스페이스X - 블루오리진의 '스타워즈'…NASA 뺨치는 민간 우주기업들」, 『한국경제』, 2019년 1월 5일.

조일준, 「굿바이 우주왕복선…나사의 꿈은 계속된다」, 『한겨레』, 2011년 5월 2일.

한국항공우주연구원 홍보실, 「달을 분양한다고? … 웃어넘길 수 없는 소유권 경쟁」, 『세계일보』, 2017년 7월 1일.

가상현실에서의 범죄 : 실제 아닌 가상 행위 VS 현실과 동일한 범죄

과학기술정책연구원, 미래연구센터, 『FUTURE HORIZON』, Summer, 2016. Vol. 29.

슬라보예 지젝·윌리엄 어윈, 2003, 『매트릭스로 철학하기』, 한문화.

음성원, 「VR 성추행·유전자 편집… '혁명'은 윤리를 곤경에 빠뜨린다」, 『한겨레』, 2017.1.24.

이채리, 2006, 「사이버 공간의 세계성과 문제들」, 한양대학교 과학철학교육위원회 편, 『과학기술의 철학적 이해』, 한양대학교출판부.